JN234558

指導援助に役立つ

スクールカウンセリング・ワークブック

黒沢幸子

金子書房

本書を手に取られた親愛なる読者の皆さまへ

『指導援助に役立つ　スクールカウンセリング・ワークブック』と題された本書を、手に取っていただいたことを嬉しく思います。本書の Stage は以下のような構成で提供されます。

1．キャスト：「指導」的立場の方も「援助」的立場の方も総動員
2．演出：「役に立つ」
3．脚本：「スクールカウンセリング」
4．装置：「ワークブック」

1．キャストについて：担任や生活指導担当の立場で教員として子どもたちの指導にあたっている方、また教育相談担当や養護教諭の方など、より援助的対応の担い手である方、あるいはスクールカウンセラーや学校配置の相談員、教育センターの相談職など学校現場にかかわる相談援助職の方、地域で子どもにかかわる医療・福祉等専門職の方、保護者の方、これらの方々がキャストです。そして、それら専門職に就きたいと学んでいる（学生や大学院生の）方、スクールカウンセリングに興味のある方、どの立場の方もキャストとしてお招きしたいと思います。ですから、教師、カウンセラー、保護者といった立場を特定しません。本書は、お招きするキャストの立場は特定しませんが、その姿勢にこだわりたいと思っています。その姿勢とは、子どもの発達成長、より良い未来を心から願い、それが少しでも促進されるための媒体になりたいと望んで子どもと向き合っている、あるいは向き合おうとしている姿勢です。そのような姿勢を持つスクール関連の実践家をとくに歓迎します。しかし、子どもと向き合う機会のある方なら、親も大学院生もその意味で実践家です。幸せなことに、筆者は、このような姿勢で日々子どもと向き合っている実践家が本当にたくさんいらっしゃることを知っています。

2．演出について：「役に立つ」というフレーズに反応して、思わず手にしてくださった方、とても嬉しく思います。本書の姿勢はプラグマティズム（実

践主義）です。理屈ではなく，何が実際に役に立つのかについて，実践の中から抽出し構築しようとするものです。「役に立つ」というフレーズを，安易なハウツーものとして価値を低めて考える方もいらっしゃるでしょう。しかし，筆者はむしろとても厳しいフレーズだと考えています。指導・援助者の対応が，どんなに理屈が通っていても心を尽くしていても，それが子どもの役に立っていないなら，まだ再考の余地があるということです。こちらのニーズではなく，子どものニーズに合った対応ができているか，そして効果が上がっているかを自らに問う姿勢が求められるのです。

　本書は，筆者がスクールカウンセラーや心理臨床家として，実際にかかわったことに基づいたものであり，そこでのオリジナルな実践的知見や工夫といったものが随所に盛り込まれています。実践による実践のための実践書という意気込みで取り組みました。実践とは，ライブなStageが展開するところです。もう一つ演出面でのおことわりですが，Caseは，プライバシー配慮の観点から，内容を損なわない形で改変されています。

　3．脚本について：筆者は，スクールカウンセリング活動を1対1のカウンセリングモデルに代表される狭義の活動としてとらえていません。もっとダイナミックで包括的な活動であり，学校コミュニティ全体を活かす（学校コミュニティが活かされれば，子どもも活かされる）心理教育的／社会的援助サービス活動であるととらえています。本書では，現在の筆者のスクールカウンセリングにおける実践や介入の「手の内」を，かなりの部分お伝えします。本来「手の内」を見せるというのは，多少なりとも勇気が要ります。しかし，筆者の財産は，さまざまな現場（私立・公立学校，民間相談室，企業，クリニック等）を経験する機会に恵まれたなかで，何が役に立つのかについて，多くの方々（子どもたち，先生方，保護者，恩師，先達，同僚）から学ばせていただいたものです。「虚心」に学ぶことはまだ修行中の身ではありますが，これらの知見は筆者一人のものではなく，教えていただいた皆さまに恩返ししなければならないものなのです。そこで本書では，筆者がスクールカウンセリング活動においてどうしてもはずせないと考えているもっとも基本的で重要なものを順にLessonに脚本化し，Stageに乗せました。

4．装置について：本書はワークブックの形を取っています。単なる事例集や，理論や方法論集ではなく，読者の方が手を動かしたり，立ち止まって考えたり，自分に対峙したり，日常生活の中で課題を課したり，研修会等でワークをしたりといった作業を提供するものとなっています。少なくとも筆者の場合は，文字を読むだけでは余り多くが身につかず，実践に浸透させて活かすことができないのです（たぶん皆さまの多くもそうでしょう？）。このワークブックが，皆さまが「work out」する（うまくいく，解決する）ための良い装置として働くことを願っています。

　もう一つ装置面では，実践においてもっと幅広くお役に立てるよう，「Column」および本書で扱ったテーマを補完／発展して学んでいただくための「ブックガイド」を付けました。

　さて，Stage をお楽しみいただくにあたってさらなるガイドがあるとすれば，「柔軟」（視点の自由さや臨機応変さ，フットワークの軽やかさ，頭の柔らかさ），「好奇心」「遊び心」……「信じる力」「任せる力」でしょうか？

　さあ，これからご一緒に Stage にお導きいたします。いくつもの Stage を用意しておりますので，きっと楽しんでいただけると思います。もし仮に，Stage のどこかで，何か皆さまの深いところに触れるものがあったなら，それは皆さまのお力なのです。

　「すぐれた物語は，今私たちがかかっている魔法から解放してくれると同時に，新しい魔法にかける」（上野瞭）。

　魔法使いは，筆者ではなく読者の皆さまです。また新しく元気の出る魔法にかかることを祈って……。

　Now, on Stage !

黒沢　幸子

―― **本書の取り扱い説明書** ――

各 Stage は，いくつかの Lesson に分かれ，各 Lesson は以下のように構成されています。
1．**Introduction**：各 Lesson で扱うテーマへの導入を行います。前 Lesson や前 Stage をふりかえり，その Lesson で扱うテーマを意味づけ，明確化します。
2．**Case**：事例を提示します。各 Lesson のテーマを切り口にして，ともに考えるために，事例情報が提供されます。すべて筆者が関係したものです（事例の性質を損なわない範囲で，プライバシー配慮による修正がなされていることをお断りいたします）。
3．**Question & Work**：事例の情報をもとに，皆さまに質問を投げかけます。指示に従って，実際に手を動かして，その解答を皆さまなりに書き込んでみてください。正解が書けるかどうかを試しているのではなく，皆さまがその時点で一度立ち止まって考え，実際に作業していただくことに意味があります。
◆**ここで一句**：各 Lesson で扱うテーマについて，川柳調で詠います。全25句，これを暗唱されるだけでも，いろいろなヒントや覚えになるかもしれません（笑）。
4．**Answer**：3．Question & Work に対する解答を示します。いくつかの解答の可能性に言及し，そのなかからどうとらえ，考えるのがいいか一緒に吟味します。自分の解答と照らし合わせて，ふりかえってください。その事例に対する筆者の介入や対応を報告し，各 Lesson のテーマにつなげます。アドバイスも参考にしてください。
5．**Key Point**：その Lesson の要点を，箇条書きで3項目，コンパクトに示します。復習，理解の確認，要点のチェックなどに利用してください。
6．**Exercise**：各 Lesson のテーマを，もっと理解し深められるように，また実践に応用できるように構成された，実際にできる練習問題，あるいはワークです。自分で書き込んで解答するもの，学校や学級（あるいは家庭）における実践で応用する形になっているもの，研修会などのワークとして使うように構成されているものなど，いろいろな形で提示されます。
7．**Lecture**：4．Answer で報告した事例に対する筆者の介入の経過や展開，結果を示しながら，指導援助に「役に立つ」対応や介入について探り，その回のテーマをまとめます。ポイントは，重要な項目や内容を整理して要点を示します。
8．**Homework**：その回のテーマを身につけるため，日常生活の中で行う実践課題の提示，あるいは，次の Lesson につなぐ予習課題の提示が行われます。

本書の活用について（以下に代表的な活用を例示します）
a．**自学自習用**：指導援助に役立つスクールカウンセリングの自学自習教材として。
b．**研究会・研修会用**：有志のグループ，校務分掌部会，校内研修，教育センターの研修，スクールカウンセラーの実践研修などの参考書や教材として。
c．**大学・大学院授業用**：具体的な事例に基づいた実践的な教科書・参考書教材として。

目　次

本書を手に取られた親愛なる読者の皆さまへ　*1*
本書の取り扱い説明書　*4*

1st Stage　はじめにリソースありき……………*7*

Lesson 1　リソースを探す　*8*
Lesson 2　内的リソース・外的リソース　*16*
Lesson 3　リソースを使う　*24*
Column 1　冷蔵庫の中には何がある？　*32*

2nd Stage　うまくやれている状況＝「例外」に目を向ける…*33*

Lesson 4　「例外」を見つける　*34*
Lesson 5　「例外」の観察と危機介入　*42*
Lesson 6　成功の責任追及　*50*
Column 2　今に生きるミルトン・エリクソンの言葉　*58*

3rd Stage　未来指向アプローチを実践する…………*59*

Lesson 7　タイムマシン・クエスチョン　*60*
Lesson 8　未来の自分と対話する　*68*
Lesson 9　ミラクル・クエスチョン　*76*
Lesson 10　分身の術　*84*
Lesson 11　心理教育プログラムに未来を活かす　*92*
Column 3　CAP（子どもが暴力から自分を守るための教育プログラム）　*100*

4th Stage　ユーモアとゲーム感覚で問題にかかわる…*101*

Lesson 12　問題を「外在化」する　*102*
Lesson 13　工夫とユーモア――「問題の外在化」の応用　*110*
Lesson 14　家族予想ゲーム　*118*
Lesson 15　お小言カード　*126*

Column 4　ワークショップ：「問題の外在化」を磨く　*134*

5th Stage　ピア（仲間）の力を有効利用する……*135*
Lesson 16　もめごと解決作戦（ピアサポートⅠ）　*136*
Lesson 17　仲間は援助の人的資源（ピアサポートⅡ）　*144*
Lesson 18　「対立」の解消（ピア・メディエーション）　*152*
Column 5　ケルシー高校における生徒主導のピアサポート・プロジェクト　*160*

6th Stage　人間関係のコツをマスターする……*161*
Lesson 19　危険なコミュニケーション　*162*
Lesson 20　チャムとピア・グループ　*170*
Lesson 21　対人的位置と距離の取り方　*178*
Column 6　学級でのディスカッションⅠ——効果的なディスカッション・モデル　*186*
Column 7　学級でのディスカッションⅡ——「いじめ」について，どう話し合うか？　*187*
Column 8　『ピアサポート——いじめへの挑戦』——英国の最近の調査研究報告から　*188*

7th Stage　保護者への対応をスキルアップする……*189*
Lesson 22　関係性の査定と対応　*190*
Lesson 23　保護者面接の7ステップ　*198*
Column 9　保護者コンサルテーションの考え方　*206*

Final Stage　実験的精神のすすめ……*207*
Lesson 24　実践哲学の3つのルール　*208*
Final Lesson　スクールカウンセリング活動の5本柱　*216*
Column 10　米国のスクールカウンセリング　*224*

ブックガイドと解説　*225*
おわりに　*229*

装丁／長尾　敦子

イラスト／小林　喜代美

1st Stage

はじめにリソースありき

オープニングの Stage は「リソース」(資源・資質) です。
子どもたちや私たちのなかにある「リソース」から
指導援助のすべては始まります。
さあ,「リソース」を巡る旅の始まり, 始まり。

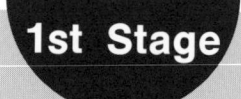

1st Stage

Lesson 1
リソースを探す

1st Stageで扱うテーマは、「リソース（資源・資質・能力）」です。

Introduction

　本書での姿勢は、既成の発想にとらわれず、未来を担う子どもたちに、役に立つことは何か？　を発見していくことです。helpful よりも useful であること、教育もカウンセリングも実践学なのです。

　アインシュタインは、「教育とは、学校で習ったことをすべて忘れた後に、残っているもののことである」と述べています。子どものなかに残るものを育てること。大切なことは、その子どもに何が無いのかではなく、何が有るのかです。それらは一人ひとり違っているはずであり、それがまさに個性であるといえるでしょう。

　子どものなかに有るもの、それをリソース（資源）と呼びます。

Case

場面かん黙傾向のある中1のA男

　A男は3歳のころから、保育園で場面かん黙傾向が認められる。小学校入学時に、非常に緊張が強く人前で話せなくなり、登校を渋り、無理に連れて行こうとすると激しく泣き、夜は眠れない状態になる。親の判断で2か月間休ませ、次の1か月は保健室利用など段階的に登校慣らしをし、小学1～2年生の間は母親が廊下や校門までつき添うことで、休みがちながら登校。家庭ではま

ったく普通に会話するのに，外ではほとんど話をしない。3年生からは，友人らの協力もあり，自分で登校できるようになる。3年生の後半から，少年野球チームに入ると野球に情熱を燃やし，見る見る実力をつけ，将来野球の強い学校に入りたいと，自ら塾にも通い出す。成績は上位になり，野球チームのミーティングでは，自分の考えをそれなりに話す。友人たちは，無口でも性格の穏やかな彼を好み，自宅にもよく遊びに来ていた。

　中学校では同じ小学校の友人らと離れてしまい，また少年野球チームを続けるため，野球以外の部活に入った。中学1年生の5月下旬から，朝制服を着て家を出る約10分前になると，登校できないという日々が続く。1か月余り後，彼は学校で無口なためにからかわれると母親にもらすが，登校できない自分をしだいに諦め，行かなくてはの気持ちも失せ，そのまま2学期も不登校が続く。昼夜逆転はなく，家事も手伝うが，外出はせず家に引きこもっている。

Question & Work

(1)この事例を読んで，まず思い浮かんだことはどんなことですか？
　　一言で「A男は○○○（な子ども）だ」と表現してみてください。

　　A男は，＿＿＿＿＿＿＿＿＿＿＿＿＿＿＿＿＿＿＿＿（な子ども）だ。

(2)A男の特徴を挙げてください。できれば5個以上。
　　① ＿＿＿＿＿＿＿　② ＿＿＿＿＿＿＿　③ ＿＿＿＿＿＿＿
　　④ ＿＿＿＿＿＿＿　⑤ ＿＿＿＿＿＿＿

(3)A男への対応に役に立つことは何でしょうか？
＿＿＿＿＿＿＿＿＿＿＿＿＿＿＿＿＿＿＿＿＿＿＿＿＿＿＿＿＿＿＿＿＿

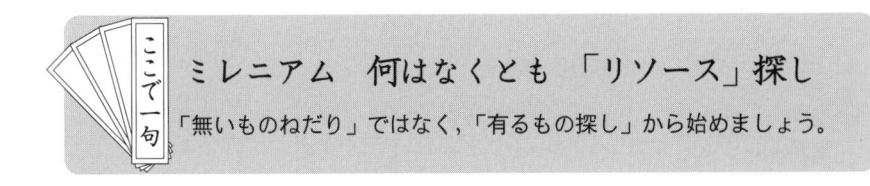

> **ここで一句**　ミレニアム　何はなくとも　「リソース」探し
> 「無いものねだり」ではなく，「有るもの探し」から始めましょう。

Answer

　　　　！かかわり方のヒント！　問題解決には，問題を特定し，原因を探す作業が必要だと思われています。そこから対応策を導く図式です。しかし，実際子どもの成長に役に立つのは，その子どもの「リソース」です。

(1)この事例を，まず，一言で「A男は○○○（な子ども）だ」と表現してください

　○○○の部分は以下のような回答が考えられます。

　①場面かん黙，情緒混乱・神経症型不登校，思春期危機，引きこもり。

　②母子分離不安が強い，自我が弱い，社会性が育っていない，甘やかされている。

　③自信がない，無気力，いじめられやすい，引っ込み思案，自己主張下手，緊張が強い，警戒心が強い。

　④やさしい，まじめ，努力家，野球が得意，勉強もやればできる，聞き上手，家庭で寛げる，生活習慣が守られている，思いやりがある，人をいじめない。

　①は査定・診断・分類に属するものです。②は原因，③は問題点に当たりますが，②と③，つまり原因と問題は明確には区別できないでしょう。④は，A男の「リソース（資源・資質・能力）」です。

(2)A男の特徴を挙げてください。5つ以上

　この回答は，(1)の①～④のいろいろな回答例のなかに，ほぼ含まれるでしょう。ここでチェックしていただきたいことは，5つの回答が，①～④のどのジャンルに入るのかです。②③の原因・問題ジャンルのみの回答なのか，④の「リソース」ジャンルが多いのか。

　指導援助で，真っ先にその子どものどこに目が向く

ポイント

子どもの指導援助への，4つの視点
①査定・診断・分類
②原因
③問題点
④リソース（資源・資質・能力）

のかを，(1)で試していただきました。また，(2)では，もっと多くのＡ男の特徴に目を向けることで，どれくらい「リソース」が発見されるかを見ました。

　①の査定・診断・分類は，指導援助の上で大切なことであり，踏まえておく必要があります。しかし，それは対応指針とセットになってはじめて意味があります。そうでなければ，単なるレッテル貼りや，知的納得にすぎません。②③の原因や問題は，Ａ男に無いもの，うまくいってないことです。これらは（①も同様）指導援助がうまくいかないときに，子どものせいにする言い訳になる恐れがあります。④はＡ男のなかにすでに有るもの，やれること，持っている力です。
(3)Ａ男への対応に役に立つことは？

　「自信をつけさせる」「発言力をつける」などと回答した方，確かに間違いではありません。しかし，どうやったら，彼に自信をつけさせることができるでしょうか。この答えでは，まだ役に立つ答えとはいえません。彼の担任もいつも「もっと声を出していいんだよ」と彼に言っていました（が，効果はありません）。

　彼のリソースは，一つは聞き上手です。彼に話させる努力よりも，よく語りかけ続けること。彼が黙々と働けてしかも重要な役割（活躍の場）を公に与え，それをみんなの前でよく評価すること。身体を使う，生き物を育てるのも一案。Ａ男の特徴を活かすことが，彼に役に立つことです。それが発想の原点です。

---

(1)指導援助で，真っ先に注目するのは子どもの何か？
(2)どれくらい「リソース」が発見できるか？

査定と対応はセット：あるタイプには，あるかかわりをするのが有効，との対応方針が立つなら査定は重要

レッテル貼りは，言い訳のもと

リソース＝すでに有るもの，やれること，持っている力

リソースを活かすこと＝役に立つかかわり

リソースを活かすことが，発想の原点

「聞き上手」を活かす！

Key Point

- 原因・問題探しよりも，「リソース（資源）」探し
- その子どもの「問題」の周辺に「能力」がある
- 子どもの「売り」は，「生きる力」

Exercise

〈PART Ⅰ〉

①自分の学級の（あるいは指導援助の対象となる）子どもたちを思い浮かべてください。そのなかで6人を選んで，多少なりとも日常問題に感じていることを一つ挙げて，それぞれに対し，「△さんの○○が問題」と，書いてください。

②次は，単純作業です。「○○が問題」という言葉の○○の部分を，「○○能力」として，置き換えて書いてください。

（例）①木村さんの　無口　が問題　⇒　②木村さんは　無口　能力がある

1)①　　　さんの　　　　　　が問題 ⇒ ②　　　さんは　　　　　能力がある
2)①　　　さんの　　　　　　が問題 ⇒ ②　　　さんは　　　　　能力がある
3)①　　　さんの　　　　　　が問題 ⇒ ②　　　さんは　　　　　能力がある
4)①　　　さんの　　　　　　が問題 ⇒ ②　　　さんは　　　　　能力がある
5)①　　　さんの　　　　　　が問題 ⇒ ②　　　さんは　　　　　能力がある
6)①　　　さんの　　　　　　が問題 ⇒ ②　　　さんは　　　　　能力がある

③「○○能力」は，△さんの「リソース」です。「問題」の周辺に「能力」があります。「○○能力」から，△さんの「リソース」を導いてください。

（例）③木村さんのリソースは，聞き上手，観察眼，配慮，不言実行型

1) ③　　　さんのリソースは，＿＿＿＿＿＿＿＿＿＿＿＿＿＿＿＿＿＿＿＿
2) ③　　　さんのリソースは，＿＿＿＿＿＿＿＿＿＿＿＿＿＿＿＿＿＿＿＿
3) ③　　　さんのリソースは，＿＿＿＿＿＿＿＿＿＿＿＿＿＿＿＿＿＿＿＿
4) ③　　　さんのリソースは，＿＿＿＿＿＿＿＿＿＿＿＿＿＿＿＿＿＿＿＿
5) ③　　　さんのリソースは，＿＿＿＿＿＿＿＿＿＿＿＿＿＿＿＿＿＿＿＿
6) ③　　　さんのリソースは，＿＿＿＿＿＿＿＿＿＿＿＿＿＿＿＿＿＿＿＿

私たちは，ふだんは子どもの「リソース」よりも「問題」に目が向きがちです。この作業を通して，新たな発見があった子どももきっといたことでしょう。自分自身や指導に余裕がないときほど，このワークをお勧めします。

〈PART Ⅱ〉
④自分の学級の（あるいは指導援助の対象となる）子どもたちを，もう一度，思い浮かべてください。〈PART Ⅰ〉で取り上げなかった子どもで，可もなく不可もない子ども，思い出すときに印象が薄く数に入れ忘れてしまう子どもも，他の子どもの指導に目を奪われて，つい忘れがちになる子どもを，3人選んでください。その子どもの「売り」（セールス・ポイント）は何でしょうか。△さんの「売り」を3つ見つけて，書いてみましょう。

（例）林さんの売りは，1．笑顔，2．コツコツやる丁寧さ，3．こまやかな配慮

1) ＿＿＿さんの売りは，1．＿＿＿＿　2．＿＿＿＿　3．＿＿＿＿
2) ＿＿＿さんの売りは，1．＿＿＿＿　2．＿＿＿＿　3．＿＿＿＿
3) ＿＿＿さんの売りは，1．＿＿＿＿　2．＿＿＿＿　3．＿＿＿＿

「売り」とは，単なる長所ではなく，それで食っていけるような「売りもの」になる取り柄のことです。人とは違ったその子ども固有の価値あるものです。「売り」という言葉を使うことは，長所や良い面という発想以上に，役に立ちます。ここでいう「売り」は，「生きる力」につながるものです。

筆者は，保護者面接でも，教師コンサルテーションでも，指導援助にかかわるとき，その子どもの「売り」について必ず質問します。子どもとの相談場面においても，「あなたの『売り』は，（自分としては）何だと思う？」と，子ども自身に聞きます。聞いてみてはじめて，発見されることも多いのです。ぜひ，本人に聞いてみることをお勧めします。

Lecture

☞ **ふりかえってみよう** ☜　自己尊重感や自己効力感とは、「自分は尊敬に値する」「自分は捨てたものじゃない、なかなかやれる」と思えることです。子どもがそれを発見するために、「リソース」探しが役立ちます。

　A男は引きこもりに近い状態でしたので、まず、母親にかかわりました。母親は、当初彼の場面かん黙と不登校について、(a)何か深い心の傷があるのではないか、(b)母親の対応に問題があるのではないか、と苦しまれていました。父親は多忙で不在がち、結婚当初から夫の両親と同居し、母親自身とても緊張した生活が続いていた、と述懐されました。

　しかし、(a)(b)について原因や問題が仮にわかったとしても、それはあくまで仮説に過ぎず、ましてそれを取り除く外科手術はできません。心にメスは不要です。原因や問題の陳列で心が萎えてしまうより、有るもの、やれていることを認め、それを使い伸ばしていくほうが実際的です。無いものをいくら探し、悔い嘆いたところで何も始まりません。そこで、「リソース」の発想を、この母親にわかっていただきました。

　問題のない完璧な家庭などありえません。原因を探せば、何でも原因になります。この母親は、やさしく思慮深いため、PTAの役員に推され立派に務めているほどリソースの豊かな素敵な方なのです。

　A男も同じです。話ベタは聞き上手。誰でもいろいろな形で自分探しと自分づくりに戸惑う思春期です。確かに今は繭の中かもしれません。彼は個性が弱いのではなく、彼の個性は人より強いと考えてみてくださ

ポイント

(a)何か深い心の傷があるのではないか
(b)母親の対応に問題があるのではないか
↓
(a)(b)の答えは、あくまで仮説

原因・問題の陳列は心が萎縮する

やれていることを認め、それを伸ばしていくことが実際的

問題のない完璧な家庭などありえない

自分探しと自分づくりに戸惑う思春期

い。問題は，彼の個性（リソース）の受け止め方と伸ばし方をどうしていくかです。彼には，チームワーク能力，（周囲への見る・聞く・察知する）観察能力，目標が定まれば人一倍努力できる能力，人を傷つけない能力，思いやる能力，そして自分を守る能力もあります。「彼は，ダメ人間でも，おとなしい人間でもなく，このような能力のある尊敬に値する子なんだ」ということを，どれだけ信じられるかです。こちら側の意識改革です。

　そこで母親に，「まずお母さんが（彼のリソースを）信じてください」と申し上げると，「わかりました」と涙をこぼされました。それを直接間接的に彼に伝え続けること，積み木を一つずつ積み重ねるように……。心から信じてやらなければ，彼は見破ってしまうでしょう。

　もう一つ，彼が「俺って，捨てたもんじゃないな」って感じている瞬間がどんなときなのかを聞きました。なかなか答えが出ませんでしたが，料理をして家族を喜ばせたとき，（犬の代わりに飼った）ウサギを世話しているとき，夏休みに東北の田舎に滞在したとき，と出てきました。今の彼にとっては，学校に行く行かないよりも，「俺って，捨てたもんじゃないな」と感じられる瞬間を，どういうところから広げていくかのほうが大事なのです。

「個性が弱いのではなく，人一倍個性が強い」と発想する

個性をどう受け止め，どう伸ばすのか？

「ダメ人間ではなく，能力のある尊敬に値する子ども」ととらえる

こちら側の意識改革

「俺って，捨てたもんじゃないな」と感じる瞬間

学校に行く行かないよりも，「自分は，捨てたもんじゃない」という感覚を，まず育てていくことが重要

Homework

- Exercise の①〜④のワークを，自分自身についてやってみましょう
- Exercise の①〜④のワークを，同僚についても，やってみましょう

1st Stage

Lesson 2
内的リソース・外的リソース

ここでは,「リソース（資源・資質）」のテーマを深めます。リソースには「内的リソース」と「外的リソース」の2種があります。

Introduction

　Lesson 1では,「リソースを探す」がテーマでした。そこでのExerciseやHomeworkで,子どもたちや自分,同僚の「リソース」,たくさん発見されましたか？　忙しいときは「問題」ばかり目につきます。そんなときほど「リソース」発見のチャンスです。「問題」の周辺に「能力」があるのですから。また,多忙なときは,周囲の「リソース」を使うチャンスでもあります。

　リソースは,教育分野ではあまり耳慣れない言葉ですが,「資源／資質」と訳され,その人が「持っているもの」のことです。それは,内的なものと外的なものがあります。内的リソースの典型例としては,その人の「能力」「興味・関心のあること」（要するにその人の「得意分野」）が,外的リソースでは,その人の「家族」「友人」「愛用のもの」「動物（ペット）」「外部機関」「地域」などが挙げられます。

　さて,Lesson 1の場面かん黙のA男。彼は変化し始めました。「自分には未来はない,諦めてくれ。一生家に閉じこもる」と言っていた彼が,少年野球チームの練習に復帰し,将来のこと（獣医への興味,乗りたい車,自分で稼ぐことなど）を話題にし始め,母親へはスキンシップ,父親へは話し相手を毎日求め,知人宅にも出かけ,日を追うごとに活発になってきました。学校復帰も間近です。彼の「問題」ではなく内外の「リソース」に注目した結果です。

Case

乱暴で攻撃的な小4のB男

　小学4年生のB男は，基本的生活習慣が身についていない（衣服の汚れ，忘れ物，遅刻，朝食を摂ってこない）。感情コントロールが上手にできず（いらつき，なげやり，カッとなりやすい，物や机を投げる，言葉が非常に乱暴，行動が短絡的，自制心が弱い），学習意欲が長続きしない。運動神経は良く，スポーツが好きで，野球が得意。自己中心的だが，リーダーシップをとろうとする。金銭に強い執着（「いくらで売れる？」「もうかる？」）。女の子や小さい子には比較的やさしく，動物をかわいがる。

　母親は，彼を出産後心身不調で，育児・家事ができないまま数年経過。会話が通じにくく，日常生活が困難な様子。父親は，屋外労働者で仕事は天候による。仕事が終わるとスナックへ。母親のことは触れたがらない。姉は高校卒業間近で男友だちがおり不在がち。兄は中学時代から問題行動を起こし，高校を中退している。

Question & Work

(1) B男のリソースには，どんなものがありますか？

　①_____　②_____　③_____
　④_____　⑤_____

(2) あなたが担任（または関係ある立場）なら，B男にどう対応しますか？

_____

(3) B男を援助するうえで，(2)以外に，どんなことが必要でしょうか？

ここで一句　内外の 「リソース」使えば　百人力

内外のリソースを上手に使って，みんなで元気になりましょう。

Answer

！かかわり方のヒント！ この子の「売り」あるいは「リソース」は何か？ 学級の「売り」「リソース」は何？ 個人のリソースと集団のリソース，両方を相互に活かす。「リソース」を信じて対応する。これはもう信心の世界。

(1) B男のリソースには，どんなものがありますか？
① 運動神経が良く，スポーツが好き。
② 野球が得意。
③ リーダーシップをとろうとする。
④ 女の子や小さい子にはやさしい。
⑤ 動物をかわいがる。

他にも，毎日登校している，厳しい環境を生き抜く力，鋭い金銭感覚など挙げられるでしょう。家庭状況が比較的把握されている，病気の母親と生活してきた父親（このCase記述だけでは情報不足ですが），荒れていない学級，他の保護者の理解（苦情が出てない）なども，「リソース」として扱うことができます。

(2) あなたが担任（または関係ある立場）なら，B男にどう対応しますか？

B男の担任は上記の④⑤がある彼を，本質的には弱い者にやさしくて面倒見のよい，人間性の豊かな芽を持っている子であるととらえ，①②を活かし，③の機会を学級で与え，ほめて励ますよう努めました。以下が，担任が実践した指導の手立て（担任作成）です。

(a) なおそうとするな，わかろうとせよ。「わかっているけど，思うように体が（心が）動かない。だから，カーッとなってヤツ当たりするんだね。何とかしたいと思っているんだね」と，一呼吸おいて気持ちを

ポイント

B男の「売り」は何か？ と考えるのもよい

大変な状況のなかで，①持ちこたえてきた側面，②それよりもっと悪くならずにすんだ側面は，「リソース」になる

「リソース」を活かし伸ばす。「リソース」を使う。これに尽きる

B男への指導の手立て
↓
(a) なおそうとするな，わかろうとせよ（「本当は何とかしたい彼」に焦点をあてる）

整理してやり，彼の「リソース」の発現を促す。

　(b)訓育的指導もなおざりにしない。がんばったときはほめ，いけないときは叱り，「気持ちはわかるけど，こういうときはこうするといいんだよ」とやり方や行動を教え，その後の行動を見届ける。

　(c)「あなたが大事，あなたが好き」を伝える学級風土づくり。学級全体にスキンシップ・ゲームなどを取り入れ，おどけを楽しむ（ぬいぐるみ，腹話術）。悪ふざけではなく，心の底から笑えるユーモアを。

　(d)彼が活躍する場をできるだけ多く設定し，「認められる喜び」を体験させる。たとえば，動物飼育，スポーツやお楽しみ会で，ガマンのコツを体得させ，リーダーとしてまとめさせる。がんばったり，人の役に立とうと行動したときには，感激をもってみんなの前でほめる。ギュッと抱きしめる，手を握る。

　(e)彼とかかわりを深め，よく話を聞く。言葉足らずのときに「それはこういうことかな？」と確認しながら返してやる。先入観で見ず，新鮮な目で柔軟に見る。

　(f)家庭訪問，父親面談，電話で本人とも頻繁に連絡。

(3) B男を援助するうえで，(2)以外に，どんなことが必要でしょうか？

　担任や学校は，B男に対して最大限に適切なかかわりをされています。しかし，B男の母親に対しては，民生委員，保健所，児童相談所などの外部専門相談機関との連携が必要です。

― 欄外注 ―
(b)訓育的指導もなおざりにしない（対処スキルを教える）
(c)「あなたが大事，あなたが好き」を伝える学級風土づくり
(d)彼が活躍する場をできるだけ多く設定する
(e)彼とかかわりを深め，よく話を聞く
(f)家庭訪問，父親面談，電話連絡
養育に欠ける家庭の問題は，外部専門機関と連携して援助する

Key Point
- 子どもに関する情報はすべて「リソース」にも「問題」にもなる
- 逆境のなかで持ちこたえてきた側面は「リソース」になる
- 指導援助には，「内的リソース」「外的リソース」の両方を使う

Exercise

　B男の担任は,「あなたが大事,あなたが好き」を伝える学級風土づくりに,学級全体でできるゲームを工夫して,取り入れました。また,Lesson 1のA男は,両親が,彼の「リソース」に注目し評価するようになることで,良い変化が表れてきました。学級や学校全体で,ゲームのような楽しい感覚で,お互いの「リソース」探しをする視点が育つ取り組みができれば,教育的にも素晴らしいことです。これは,A男,B男といった個人のためだけではなく,お互いの「リソース」を見つけ尊重するような学級や学校の風土づくりに役立つよいチャンスです。

　次に,学級で,あるいは職員研修会で利用できる「リソース探しのゲーム(ワーク)」をご紹介します。これは,保護者会やPTA懇親会で,親が子どもの「リソース探し」をするゲームとしても,応用することができます。

★リソース探しゲーム(ワーク)

[インストラクション1]
　あまり知らない人同士で,2人組を作り,向かい合って座ってください。
[インストラクション2]
　①AさんはBさんに,次のことを聞き続けてください。
「あなたは,何を持っていますか?」「あなたの持っているものは何ですか?」
「あなたは何ができますか?」「あなたのできることは何ですか?」
　②BさんはAさんに,質問されるたびに,次のように答え続けてください。
「私は,〜を持っています」「私は,〜があります」
「私は,〜ができます」「私のできることは,〜です」
　③一問一答で,たたみかけて次々に聞き,よどみなく答え続けてください。
　答えが出なくなったら,前に答えたものを繰り返しても構いません。また,教師が,はじめに自問自答するかたちで,デモンストレーションするとわかり

やすいでしょう。
［インストラクション3］
　慣れてきたら，どんどんスピードアップして，Aさんは，一つひとつ質問する代わりに，「それから？」「ほかには？」と次々聞いてください。
［インストラクション4］
　今度は，AさんとBさんで役割を交代して同じことを行います。
［インストラクション5］
　今の体験について，Aさん，Bさんの2人で気づいたことなど，感想を話し合ってみてください。
［インストラクション6］
　今度は，今の2人組の体験を，皆さんに，フィードバックしてください。
［ふりかえり］
　「持っている」と言うと，何か物質的なもの，何か特別な生活・趣味の道具（おもちゃ，車，スキー板）などがまず発想されやすいものです。しかし，視点を変えてみると，手や足，目や耳などの身体部分，父，母，兄弟，姉妹，妻，夫，子どもなどの家族，仲間，友だち，恩師，恋人のような人とのつながり，空，海，山水のような自然……など，私たちは本当に多くのものを持っていることが想起されます。「できること」も，ことさらな特技，能力（そろばん，バイオリン，書道，英会話，水泳など）だけでなく，歩くこと，お箸を持つこと，笑うこと，泣くこと，怒ること，悩むこと，愛すること，立ち止まること……どれもみな「できること」であると気づきます。
　今のワークのなかで出てきたものは，内的なものも外的なものも両方ともにすべて皆さんの「リソース」です。相手のリソースを知ることで，自分のリソースに気づくこともあるでしょうし，また自分のリソースを多く知っている人は，相手のリソースも見つけやすくなります。

Lecture

☞ふりかえってみよう☞ 「問題」に注目して動くのは「問題志向」,「リソース」に注目して対応するのは「解決志向」です。「解決志向」は内外のリソースを使うから,一人ではなくみんなの力を活かすアプローチです。

(1) 一見「問題」に見えることも(役立て方によって)「リソース」になる

　たとえば,B男の金銭への強い執着や朝食を摂ってこないことも,担任はうまく使いました。ユニセフの募金箱を設置したとき,彼は「誰も見てなかったら盗まれる」と話し,「恵まれない子のためなら,僕もそのお金でおいしいものを買いたい」と言いました。その後担任は,「誰も見ていないときもあったのに,盗らないで本当に偉かったね」と,彼をほめる材料にそれを使いました。朝食を摂ってないことも,父親との2度目の面談で,「気を悪くされないでくださいね。よけいなことをと思われるといけないのでお聞きしてからと……本当についでなんですが,私いつもおにぎりを握ってくるので,彼に分けてもいいですか?」と尋ね,許可を得ました。父親はそれ以来徐々に担任に心を開き,母親のことも話すようになりました。

　担任のこのようなかかわりにより,B男は注意を受け入れるゆとりを持つ,捨て鉢にならず考えて次の行動に移る,叱られるからやるのではなく自らやろうとする意欲を表す,宿題や課題を自分からもらいに来るといった変化を見せ始めました。そして今では,「先生,今年から僕は生まれ変わったからね」と言い,遅刻欠席は皆無。めざましい成長を見せ始めています。

ポイント

事例の「問題」情報は,役立て方で「リソース」になる

情報は使い方によって,援助的にも,非援助的にもなる

子どもの「リソース」を信じる指導援助で,子どもは「生まれ変わる」ことができる

(2)「内的リソース」と「外的リソース」を整理する

Answerの(1)でやったように，彼のリソースを整理しておくことは，指導援助の際に役立ちます。そのとき内外のリソースをできるだけ多く見つけておきます。この Case では，何より担任自身がB男にとっての素晴らしい外的リソースであり，B男が持っている内外のリソースをうまく使った援助を行っていました。

> 指導援助には，「内的」「外的」両方のリソースを使う

(3)足りない「リソース」を補う

残された課題は，本来ならば彼にとってもっとも重要な外的リソースになるはずの母親が，リソースとしてうまく機能していないことです。担任らは，母親が今の状態のままでいたとき，彼の成長にどのような影響をおよぼすかを心配しています。

しかし，学校では，やれること／やるべきことと，やれないことがあります。ここで，学校コンサルテーションを行っていた筆者は，学校でやれないことを補う外的リソースが必要であるとコメントしました。

> 学校コンサルテーションでは，内外のリソースを点検する

> 学校でやれないことを補う外的リソースを探す

彼の母親が，今まできちんと専門家（医）に診てもらっていません。次に必要な外的リソースは，精神保健学的ケアの専門機関であり，その地域での橋渡し役は民生委員であることが話し合われました。その結果，学校側がすべきことがはっきりし，校長先生は霧が晴れたと述べ，早速連携に動きだしました。

> 地域の外部機関との橋渡し役と連携する

Homework

- 自分自身の「外的リソース（外部資源）」を，リストアップしてみましょう
- 学年や分掌間あるいは学校単位で，「外的リソース」の情報交換（会）を行い，「外部資源マップ」をつくってみましょう

1st Stage

Lesson 3
リソースを使う

今回は「リソース（資源・資質）」のテーマの仕上げをします。「リソース」を有効に使えるようになりましょう。

Introduction

　本書の Stage は，「リソース」からスタートしました。指導援助の『創世記』は「はじめにリソースありき」から始まります。問題を数え上げるのではなく，内外のリソースを数え上げること。リソースを信じる者は救われる。皆さまの頭のなかで，「リソース，リソース，リソース」と，何を見ても聞いてもやっても，つねに念仏のように唱えられているといいでしょう。リソースという言葉が寝ても覚めても出てきて，うなされる（？）くらいでちょうど良いかもしれません。

　Lesson 3 では，1st Stage の仕上げとして，リソースを使うことに焦点をあてます。必要なときに必要なリソースを使えるようになる――「宝の持ち腐れ」「たんすの肥やし」では何の意味もありません。そのためには役に立つリソースをより多くストックしてスタンバイ状態にしておくこと。また，どんなにリソースに恵まれても，一人や学校だけでやれることには限界があります。なかでも地域や外部機関を使うこと，使えるようにすることが「連携」です。

Case

「怖い，でも行きたい」不登校の小6のC子

　C子は小学6年生になると，グループの友だちとの仲がうまくいかなくな

り，グループは変えたが，秋から学校に「行きたいが行けない」不登校状態となる。当初は遠足は参加するなど，さみだれ登校していたが，腹痛（便秘・下痢・悪心）が続き，完全不登校となる。友だちは，毎朝の迎えと帰りの手紙届けをしてくれるが，それも負担に感じ，断る。友だちからの手紙や下校時の様子を見聞きすると，すぐに心が揺れる。「もう死にたい」と衝動的に手首を傷つけたり，あるときは校門まで行ってすぐ戻ってきたり，「怖い，でも行きたい」と泣いたりする。「何が不安なのか，自分でもわからない」と述べる。

小学3年生のとき，転校先で大地震を体験し，数か月後帰京。その後3か月間は死んでしまう夢をしばしば見る。夜になると恐怖感が再来し，約1年間，夜は母親と一緒に眠っていた。

Question & Work

(1) この事例を読んで，他にどんな情報が知りたいですか？ 5個程度挙げてください。

① _____

② _____

③ _____

④ _____

⑤ _____

(2) C子への対応に(1)で得られた情報をどう使いたいですか？

_____

_____

ここで一句　「リソース」は　使えてナンボ　営業が命

「宝の持ち腐れ」ではいけません。

Answer

！かかわり方のヒント！ 過去の出来事は取り除けません。解決のために使えるのは，今あるもの，未来につながるもの，つまりリソースです。情報はその「宝探し」のために得るものです。問題志向ではゴミ（アラ）探しです。

(1) この事例で，他にどんな情報が知りたいですか？
　①生育歴（母親の育て方など）　②家族状況
　③被災の状況，影響　④不登校（学校不適応）の既往
　⑤不登校のきっかけ　⑥性格
　⑦趣味，特技，好きなもの（人），大切なもの（人）
　⑧将来の希望，夢，なりたいもの
　⑨学校での様子（教科の成績・好き嫌い，課外活動）
　⑩心身の発達状況　⑪友人　⑫担任
　⑬養護教諭（保健室）　⑭教頭，校長
　⑮校内の教育相談員，スクールカウンセラーの有無
　⑯適応指導教室，情緒障害学級などの状況
　⑰近隣地域の相談専門機関　⑱専門医や医療機関

　実際の面接では，初回（両親のみの来室）において，両親から②〜⑥が語られ，⑨〜⑭についてもうかがいました（筆者の立場は⑰）。①は，取り上げていません。筆者は，発達障害の査定の必要性がない限り，こちらからは生育歴をあえて聞きません。ただし，医学的査定のための情報収集（この場合，たとえば震災後の PTSD の疑い）は必要です。

　2回目からはC子本人が来室したので，⑦⑧について話し合いました。C子は，大の猫好き，特技は手芸・料理，趣味はピアノ，将来はピアスの似合うカッコイイ女子高生になりたいと語りました。

ポイント

得たいのは，援助に実際に使える内外のリソースの情報

⑥〜⑨は，代表的な内的リソース

②および⑪〜⑬は重要な外的リソース

③④⑱は，医学的査定のための情報収集

⑫〜⑮のほか，学年主任，部活顧問，事務主事，用務主事なども，学校のリソース

生育歴聴取はしばしば問題に関する情報収集に偏りがちで，逆に援助を難しくしてしまう

PTSD：心的外傷後ストレス障害

(2) C子に対応するとき，得た情報をどう使いますか？

(a) 内的リソースで自分を支える

　C子の援助過程でまず役に立ったのは，ぬいぐるみでした。不安にすくんでいたC子は相談室のぬいぐるみを抱くことで落ち着き，愛猫と同じ名前（ミイ）をつけ，洋服や帽子を手作りして着せ，不安なときは家にも連れて帰り，ミイを同伴することでピアノの発表会や卒業式にも出席しました。ミイは彼女の心の友として大活躍しました。また彼女の料理好きは，担任と理科実験と称してカルメ焼きを作ったり，手作りチョコを職員室で配るなど断続登校の役に立ちました。ピアノの稽古も彼女を支え，そこの先輩が相談相手になってくれました。中学の制服や高校の私服・ピアスなど彼女のおしゃれ心は進学動機を高めました。

(b) 環境を整える（外的リソースと連携する）

　一方で筆者は，まず担任と会って情報交換とコンサルテーションを行い，次に医療機関を紹介し，不眠や不安感の改善を目指す（若干の投薬治療）とともに，診断書を出してもらいました（診断書は，口うるさかった同居祖父母の理解や安定にも効果がありました）。

　小学校の担任と管理職は，母親とよく情報交換し，小学校から中学校へはきちんと申し送りがなされ，学級編成が配慮されました。C子と母親は中学のスクールカウンセラーと事前に面接し，筆者もカウンセラーと会ってチームでの対応を確認しました。

> 情報は，原因や問題探しではなく，具体的な援助に役立てるためのもの

> ペットやぬいぐるみは強力な外的リソース

> 趣味・特技は，重要な内的リソース

> おしゃれ心も内的リソース

> 環境を整えるために，外的リソースと連携する

> 診断書は，援助的機能を持つ重要な道具

> 中学への「申し送り」は，援助の鍵を握る

> 「チーム」での対応という発想が肝要

Key Point
- 情報は「宝探し」に使う。問題志向では「アラ探し」になる
- 生育歴は聞かなくても援助できる
- 外的リソースと連携し，チームで対応する（環境調整）

Exercise

　Lesson 2のHomeworkは，外的リソースを広げ整理することでした。それにより，外部資源の何を補い，どことつながればいいか，営業先も見えてきます。ここでは，Lesson 2のHomeworkを完成させます。必要なときに必要なリソースを有効に使えるようになるためには，日ごろの準備と動きが必要です。これは「緊急対応」や「危機介入」に必要な備えです。

〈PART Ⅰ〉

　自分自身の「外的リソース（外部資源）」を，12個以上リストアップしてみてください（自分が困ったときに，助けになるものや役に立つ人と発想するのも良いでしょう）。

（例）宝物，ペット，幼なじみ，家族，後輩，恩師，飲み屋の主人，医者など

①	②	③
④	⑤	⑥
⑦	⑧	⑨
⑩	⑪	⑫

〈PART Ⅱ〉

　自分の学校（あるいは地域）の「外部資源マップ」を，次頁の例にしたがって作ってみましょう。まず，各系統の当該機関の名称と所在地・電話番号を記入します。その横にそこの特徴を記入しましょう。そして次に，職員について記入します。各機関にはさまざまな職種の人がいますので，その人の特徴も記入しましょう。最後に，その人とつながっている自分の学校の職員名を記入しましょう。さて，「特徴」を記入するためには，そこに行ってみなければわかりませんし，その人と会ってみないとわかりません。ここが重要なのです！ですから，みんなで足を運んでその作業を行い，そして情報交換をしあい，みんなの力でこの表を完成させましょう。

Lesson 3●リソースを使う

外部資源マップ（作成例）

系統	関係機関名	所在地・連絡先	特徴（長所・短所）	専門職員（委嘱）	氏名	年齢・性別	特徴（長所・短所）	校内担当者
教育	○○教育センター相談部門	〒000-0000 ○○市○○…… TEL. ……… FAX. ……	○○駅近く交通の便良しよく学校と連携してくれる	所長 教育相談員	○○○○ ○○○○	♂50歳後半 ♀40歳代	話がわかる人、対応が早い 小学生の発達障害が得意	校長 ○○先生
	○○適応指導教室	……	○○教育センター内	教諭	○○○○	♀30歳代	不登校の問題を相談できる	○○先生
	○○情緒障害児学級	……	○○中学校内	教諭	○○○○	♂40歳代	L.D、自閉症の権威	○○先生（元同僚）
福祉	○○児童相談所	……	……	児童福祉司 民生委員	○○○○ ○○○○	♂30歳前半 ♀50歳代	若手だが熱心 すぐ訪問してくれる	教頭
	○○福祉事務所	……	……	心理判定員	○○○○	♀30歳代	的確な情報をくれる	○○先生
	家庭児童相談室	……	……	社会福祉主事	○○○○	♂40歳後半	顔が広く、人情家	○○先生（生活指導主任）
保健・医療	○○保健所	……	……	保健師	○○○○	♀40歳代	……	……
	○○精神保健福祉センター	……	……	看護師	○○○○	♂30歳代	……	……
	○○精神科クリニック	……	……	医師	○○○○	♂40歳後半	……	……
司法・矯正	○○警察署少年課	……	……	婦人補導員	○○○○	♀30歳位	……	……
	○○少年補導センター	……	……	心理職	○○○○	♀40歳前半	……	……
	○○家庭裁判所	……	……	調査官	○○○○	♂40歳後半	……	……
	○○保護観察所	……	……	保護観察官	○○○○	♂50歳代	……	……
	○○少年鑑別所	……	……	保護司	○○○○	♀50歳代	……	……
	○○弁護士事務所	……	……	人権擁護委員 弁護士	○○○○ ○○○○	♂40歳代	○○学校の問題を親身に考える	○○先生
労働・その他	○○職業安定所	職業紹介など	……	担当官	○○○○	♂30歳代	……	○○先生（中3学年主任）
	○○派出所	生徒たまり場のコンビニ近辺		巡査	○○○○	♂30歳代	学校巡回して情報をくれる	○○先生
	○○菓子店	学校の斜め前の食品店		店主	○○○○	♀60歳代	生徒をよく観察し情報通苦情をはっきり言う	○○先生（部活顧問）

Lecture

☞ふりかえってみよう☞　内外のリソースを使うことは、自分自身をサポートし、また環境によるサポートを創り出すことになります。環境づくりは一人ではできません。異種のメンバーで「チーム」を組んで対応範囲を広げます。

　C子は，中学入学後は現学級と部活動に参加しながら適応指導学級に所属し，少人数の縦割り関係のなかで自己表現力を培い，見違えるほど元気になって毎日登校しました。中学2年になったC子は高校を目指して勉強にも力を入れ，「諦めないでやり続ければきっと報われる」と語るようになりました。彼女が立ち直り成長していく過程で，何が役に立ったでしょうか？

(1)どんな内外のリソースが使われたか？

　(a)内的リソース：動物好き，手芸・料理上手，ピアノ，おしゃれ心（カッコイイ女子高生への憧れ）など。

　(b)外的リソース（本人）：ぬいぐるみ，愛猫，母・父・姉，祖父母，同級生，ピアノ教室（先生・先輩），外部相談室（筆者），心療内科クリニックなど。

　(c)外的リソース（学校）：小中学校の先生（担任，養護教諭，管理職ほか），スクールカウンセラー，適応指導学級（先生，友人，校長）など。

(2)ここで，学校でやれることとやれないことを区別しておくことは役に立つ

　(a)学校でやれること：登校援助，母親面接，相談治療機関との連携など。とくに小学校では，学級内での人間関係の調整，家庭訪問，行事招待，中学校への申し送りなど。中学校では，学級編成配慮，居場所づくり（保健室，相談室，部活動など），スクールカウン

ポイント

適応指導学級：少人数の縦割り関係の良さ

自分のリソースとチームによる環境整備で，「諦めないでやり続ければきっと報われる」と自己効力感が育った

登校援助といわゆる「登校刺激」は異なる

登校援助は，内外のリソースを使って行う

セラーの対応，適応指導学級での対応など。
　(b)学校でやれないこと：不登校中のすくみ反応に対する本人への直接対応，趣味（ピアノ）を伸ばす，治療的面接，医療行為（診断・投薬）など。
(3)そして連携，チーム対応が重要になる
　C子への援助は，誰か一人だけの力ではなく，多くのリソースが適材適所に活かされて行われました。
　私たちは一人でがんばらなくていいのです。みんなで力を貸しあえばいいのです。内外のリソースを両方使えてはじめて，援助は効果的に効率的に行えます。効率的とは負担が少なく，多くの良い成果が得られることです。だから私たちは「チーム」を組むのであり，またソーシャルサポート・ネットワークの広がりが大切になってくるのです。

　「連携」はただ口で言っていてもできるものではありません。連携先（外的リソース）を多く探し出し，あらかじめそこと関係をつけておかないと，いざというとき（危機介入）に使えません。また，それは人と人のつながり（face to face）でなければ機能しません。組織と組織が文書上の連携をしていても，それだけでは有名無実です。使えるようにするためには「営業が命！」です。日頃の「フット・ワーク」の良さが大切になってきます。

> 学校は，一職種職場だから，完璧ではない

> チーム対応は，一人でがんばらなくていい

> 効果的・効率的な援助：一人の負担は軽く，みんなで良い成果を得る

> 「チーム」は，異種のメンバーで編成するから，対応範囲が広がる

> 「連携」は，
> ・face to faceで
> ・日常の営業が命！
> ・危機介入への備え

Homework

- 外部資源マップを完成させましょう
- 今日一日をふりかえってみて，いつもよりちょっとでもうまくやれたこと，少しでも良い感じだった時間のことを思い出し，それらを少なくとも3つは挙げてみましょう

Column 1　　冷蔵庫の中には何がある？

　お腹が空いたとき，何気なく冷蔵庫を開けますね。買い物をする暇なく帰宅して，急いで食事を作るときも，まずは冷蔵庫を開けます。そのときあなたは，どう思って開けますか？　きっと「何があるかな？」と思って開けますよね。「何がないかな……」と思っては開けません。冷蔵庫の中に「無いもの」は探せばたくさんあります。でも「何があるかな？」と思って見るわけです。「有るもの」を探すわけです。

　すると，忘れていたものが見つかります。普通なら捨てているかもしれない，かまぼこ，ベーコン，玉ねぎ，たった1個の卵，どれも切れ端や残り物です。でも，とりあえず家族の食事を何か作らなければならないときには，「やった！　これが，あった。こんなものもあった！」と嬉しくなります。たとえば，みじん切りにすれば，冷やご飯と炒めてチャーハンができます。とても有難い。「感謝！」と思います。そんな時のほうが，用意周到に材料を揃えたときより意外にもおいしかったりします。

　このように冷蔵庫を開けるときに，私たちは「無いもの」ではなく「有るもの」を探すわけです。私たちの日常生活は，新鮮で高級な食材，鯛やひらめ，キャビア，フォアグラ，ビフテキ肉などでいつも冷蔵庫が満杯とは限りません。「有るもの」を探して，工夫・利用して，幸せを感じたり，予想以上の出来栄えを喜んだりして生きているのだと思います。

　ところが相手を子どもに変えた場合はどうでしょうか。「この子の中にはロクなものが入っていない。これもない，あれもない」と「無いもの」に注目しています。そして「これっぽちしかない」「あぁ……マグロだと期待したらただの赤身！　大トロじゃない」（笑）と，「無いもの」ばかりを見つけて落胆します。子どもの未来を創るためには"材料"（リソース）が必要です。「無いもの」をいくら並べ立てても，それは材料にはなりません。「自分はここが捨てたものじゃない。こういうところが結構いい！」と自分のなかに「有るもの」が納得されてはじめて，「未来や将来はどうするの，どんな学校に行くの，何になりたいの」という問いに，主体的な答えが出せると思うのです。子どもに向き合うとき，「何があるかな？」と見えない扉を開いてみてください。

2nd Stage

うまくやれている状況
＝「例外」に目を向ける

2nd Stageでは「例外」にスポットライトをあてます。
「例外」は，まぐれではなく，
すでにうまくやれている時や状況のことです。
「例外」は強力な解決へのリソース（資源）です。

2nd Stage

Lesson 4
「例外」を見つける

2nd Stageのテーマは,「例外」(うまくやれている時間)です。

Introduction

　本書は,1st Stage を「リソース」とし,そこからスタートしました。人を育てる,教える,援助する,仲間になるなど,人とかかわり,役に立つためのすべての出発点は,リソースにあります。私たちが生きていく上で,リソースはすべての基本となるものです。

　実際,学校や学級はリソースの宝庫です(まちがっても,問題の宝庫と考えないでください)。まず自分自身のリソースによく注目し,次に周囲のリソースをたくさん見つけてください。そしてそれらをうまく活かしてください。それが効果的な指導援助につながります。

　そのためのコツや工夫は,本書でどんどん扱っていきますが,リソース(資源・資質・持っているもの・有るもの)こそが,より良い未来や解決をもたらす材料(基本)であることを忘れないでください。

　さて,Lesson 4から始まる2nd Stageでは,「例外」に焦点をあてていきます。「例外」とは,問題に対する例外,問題が起きていないとき,いつもなら問題が起こるはずなのに起こらなかった時／状況のことです。つまり「うまくやれている時間(とき)／状況」,あるいは「すでに起こっている解決(の状態)の一部」ともいえます。そして「例外」もリソースの一つなのです。

Case

曇りや雨が怖い保健室登校の小1のD男

　小学1年生の1学期から，D男の保健室登校が始まる。給食が嫌，友人が嫌，担任の先生が嫌と，次々と嫌なものが変化し，2学期になると食事が摂れないなどの症状も出現するようになる。食事が摂れるようになると，今度は雷が怖くなり，情緒不安定となって，曇りや雨の日は不安のため学校に行くのを嫌がるようになった。母親はD男を毎日学校まで送り，D男の不安の強い日は保健室に待機している。父親は仕事のことで数か月前から精神的に落ち込んでおり，母親は持病のため体調不良で疲労しやすい。D男を支えることに対し，両親ともに負担感が増大してきているが，母親は自分の体調を押して努力している。小学4年生の姉も，1～2年生のときに不登校傾向があった。

Question & Work

(1) D男の母親（両親）にまずどんな質問をしますか？　質問を2つ考えてその台詞を書いてください。

① _____

② _____

(2) D男にはどんな質問をしますか？　質問を2つ考えてその台詞を書いてください。

① _____

② _____

ここで一句　きっとある　やれてる時間　「例外」見つけ！

やれてる時間，イケてる瞬間，誰にでも必ずあります。

Answer

！かかわり方のヒント！ 問題説明の情報に対しては，うまくやれている時間があるはずだと考えて，事実確認の質問をします。「例外」は必ずあるという前提で具体的に聞き，「例外」に焦点をあてて話を拡げます。

(1) D男の親にまずどんな質問をしますか？

D男のリソース探しの質問も大切ですが，ここでは「例外」に焦点をあてた以下のような質問が有効です。

(a)「例外」を発見する（引き出す）質問
① 毎日，保健室だけに登校しているのですか？
② 天気によって変わるのであれば，D男は教室に行けるとき（日）もあるのですか？
③ 曇りと雨以外では，D男はやれているのですね？
④ D男を学校まで毎日送るということですが，天気が悪くて学校を嫌がる日も行かせているのですか？
⑤ 最近（ここ1週間）で，この問題が少しでも良かったときのことを話してもらえますか？

(b)「例外」を具体化する（拡げる）質問
① 教室に行ってしまえば，その後は良いのですか？
② D男が最近少しでも良いときは，以前とどう違っていますか？ そのとき周囲の人はどんな状態ですか？
③ 天気が悪くても登校したときは，どんなことが起こっていますか？ 休んだときと何が違っていますか？
④ 今までの経過の流れは，1学期とくらべて良い方向か，変わらないか，それとも悪い方向に行っていますか？

アドバイス

(a)「例外」を発見するコツ
・毎日，〜だけ，〜以外という表現に注目
→限定や汎化の表現に「例外」が潜んでいる
・具体的に聞く
・最近のことを聞く
・少しでも良かったことを聞く

(b)「例外」を拡げるコツ
・違い（差）を聞く
・周囲の状況を聞く
・到達度を査定する
・「売り」を聞く
・やれていることを聞く

⑤D男の「売り」はどんなところですか？
⑥D男は家や学校でどんなことにがんばりますか？
　(c)対処法（コーピング・スキル）を知る質問
①今まで嫌だったもの，たとえば給食や担任や友だちなどはどうやって大丈夫になったのでしょうか？
②食事を摂れない状態から，摂れるように変化したのは何が良かったのでしょうか？
③怖がっても登校したとき，学校に行けばやれるのはD男のどんな力が役に立っているのでしょうか？
④D男の「売り」はどんなことに役に立っていますか？
⑤体調不調にもかかわらず，D男のためによく努力されるご両親のお力は，何に由来するのでしょうか？
⑥このように協力的にやれるのは，ご両親自身やD男の何が良いからでしょうか？
⑦お姉さんの不登校傾向はどう克服されたのですか？
(2)D男にはどんな質問をしますか？
　筆者がD男にした質問は以下のようなものでした（上記(1)の(a)(b)(c)の内容を含みます）。
①どんなことでお母さんにほめられるの？
②他にもっとどんなことでほめられたらいい？
③昨日D男は学校でどんなことががんばれたの？
④今，雷さま退治に何か良い方法を持っているの？
　雷さまをやっつけるのに，何が効くかな？

(c)対処法を知るコツ
その「例外」に対して，
・「どうしてやれたのか」を聞く
・「何が良かったのか」を聞く
・「何が役に立ったのか」を聞く

子ども本人に聞くコツ
・ほめられることが何かを聞く
・もっとほめられたいことを聞く
・がんばったことが何かを聞く
・解決方法を何か知っているかを聞く

Key Point
・「例外」は「すでに起こっている解決（の状態）の一部」
・「例外」は「必ずある」ことを前提に質問する
・「例外」は，①具体的に，②最近の，③少しでも良い時間について質問する

Exercise

Lesson 3 の Homework の(2)は,実は「例外」を見つける質問でした。ここで実際にやってみましょう。

〈PART Ⅰ〉

日記のように,一日の終わりに毎日以下の質問に答え,記録してみましょう。

(1)今日一日をふりかえってみて,いつもよりちょっとでもうまくやれたこと,少しでも良い感じだった時間のことを思い出し,それらを少なくとも3つ挙げてみましょう(一つは児童・生徒とのかかわりについて見つけましょう)。

(2)(1)で見つけたことや良い時間は,どうやってもたらされたのでしょうか? その理由として思いつくことを,何でもいいから挙げてみましょう。

　　(例)　(1)①授業中,子どもの机間指導ができ,子どもの個人差に気づけた。
　　　　　　　②いつもは苦手なZ先生と食事をしたら共通の趣味があった。
　　　　　　　③帰路途中,紫陽花が色づいていてきれいだった。
　　　　　(2)理由:書類整理。机の上が片付いて気持ちが良くやる気が出た。

〔　　月　　　日〕
　(1)①_____
　　　②_____
　　　③_____
　(2)理由:_____

〔　　月　　　日〕
　(1)①_____
　　　②_____
　　　③_____
　(2)理由:_____

〔　　月　　　日〕
　(1)①_____

②＿＿＿＿＿＿＿＿＿＿＿＿＿＿＿＿＿＿＿＿＿＿＿＿＿＿＿＿＿＿＿＿
③＿＿＿＿＿＿＿＿＿＿＿＿＿＿＿＿＿＿＿＿＿＿＿＿＿＿＿＿＿＿＿＿
(2)理由：＿＿＿＿＿＿＿＿＿＿＿＿＿＿＿＿＿＿＿＿＿＿＿＿＿＿＿

[　　月　　　日]
(1)①＿＿＿＿＿＿＿＿＿＿＿＿＿＿＿＿＿＿＿＿＿＿＿＿＿＿＿＿
②＿＿＿＿＿＿＿＿＿＿＿＿＿＿＿＿＿＿＿＿＿＿＿＿＿＿＿＿＿＿
③＿＿＿＿＿＿＿＿＿＿＿＿＿＿＿＿＿＿＿＿＿＿＿＿＿＿＿＿＿＿
(2)理由：＿＿＿＿＿＿＿＿＿＿＿＿＿＿＿＿＿＿＿＿＿＿＿＿＿＿＿

[　　月　　　日]
(1)①＿＿＿＿＿＿＿＿＿＿＿＿＿＿＿＿＿＿＿＿＿＿＿＿＿＿＿＿
②＿＿＿＿＿＿＿＿＿＿＿＿＿＿＿＿＿＿＿＿＿＿＿＿＿＿＿＿＿＿
③＿＿＿＿＿＿＿＿＿＿＿＿＿＿＿＿＿＿＿＿＿＿＿＿＿＿＿＿＿＿
(2)理由：＿＿＿＿＿＿＿＿＿＿＿＿＿＿＿＿＿＿＿＿＿＿＿＿＿＿＿

〈PART Ⅱ〉

　自分の学級の（あるいは指導援助の対象となる）子どもたちのなかで，日常，問題に感じている子どもを一人思い浮かべ，次の質問に答えてください。
　①どんなときに問題は起きないのですか？

　②その児童・生徒はどの授業（行事）で一番うまくやっていますか？

　③今学校で起きていることで，これからも続いてほしいことは何ですか？

　④①〜③のことは，問題が起きているときと何が違っているのでしょうか？
　　何が役に立っているのでしょうか？

Lecture

☞**ふりかえってみよう**☞ 本人が自分自身のなかにあるやれている力（リソース）や対処法（コーピング・スキル）を見つけ出せるように援助することが重要です。「例外」探しは，そのために有効な方法です。

D男は，多少難はあっても登校できています。まず「例外」を見つける質問から始めることが有効です。

Answerで示した質問により，以下のようなことがわかりました。

(1)の(a)の質問から——D男は，雷恐怖のため雨や曇りの日は「休みたい，学校やめたい」と不安定になるが，実際には母親が学校に送って行き，行ってしまえば良くなる。またこの1週間はゲタ箱，校門までと大丈夫になり，ここ3日間は友だちと元気に帰宅した。

(b)の質問から——母親が動じないで「行くよ！」と連れて行けばD男はやれるし，友だちや先生も認めてくれる。先日の徒競走では1番，雨の日に登校したときは「僕は偉かった？　がんばった？」と母親に尋ねた。D男の「売り」は，几帳面，凝り出すと集中し納得するまでやる，持ち上げるとがんばる，デリケートな面と負けず嫌いな面の両方がある。母親によれば，経過の流れは1学期にくらべ良い方向に向いているとのこと。

(c)の質問から——D男の負けず嫌いや両親の根気強さなど，結局上記(b)の答えにあるそれぞれのリソースが，良い方向に役立っている。今後は，彼が周囲から認められるとよりがんばれる面を，両親や先生がうまく活かせば良いことが確認された。

ポイント

「例外」を利用するために有効な3種の質問
(a)「例外」を発見する質問
(b)「例外」を具体化し拡げる質問
(c)対処法／コーピング・スキルを探る質問

「例外」が具体化され拡げられれば，対処法はおのずと明らかになる

(2)のD男への質問では、母親にほめられるのはお手伝い、もっとほめられたいことは学校のこと、昨日学校でがんばったことは、夏祭りの係を一日中立ってやったこと、と答えた。みんなで彼をほめ、両親は彼への接し方をさらに理解することができました。この後、筆者らが雷退治のおまじないを伝授すると、D男は顔を輝かせ受け入れました。

最後に筆者は両親に、D男が帰宅したとき「大丈夫だった？ 具合悪くならなかった？」と聞くよりも、「今日はどんなことがよくやれたの？ どんなことが良かったかな？」と聞くことを提案しました。

筆者は、この面接の経緯を紹介者の養護教諭に話し、担任にも伝えてもらいました。この1回の面接で、半年以上尾を引いていたD男の学校への行きしぶりの問題はすっかり解決し、保健室登校も送り迎えも必要がなくなりました。

この事例を通してもうお気づきでしょうが、児童・生徒たちはもとより親、教師も皆、何が好結果をもたらすのかは彼ら自身が一番よく知っており、彼ら自身がその問題を解決する知恵と力を持った専門家だということです。子どもたちの「生きる力」を育てることは、解決にともなう彼ら自身の経験を尊重することです。そのために一番良い方法は、教師や親が「例外」を質問し追求することなのです。

・「もっとほめられたいことは何か？」を聞く

・「悪かったこと」を探す質問よりも、「やれたこと・良かったこと」を聞く

・人は（子どもも）自分の問題解決の専門家である

・子どもたちの「生きる力」は解決できた経験を尊重することで育つ

・「例外」の質問は、子どもの「生きる力」を育てる

Homework

- あなたの生活（や学校・学級）のなかで起こることで、これからも続いてほしいことについて観察し、できればそれを書き留めておいてください

2nd Stage

Lesson 5
「例外」の観察と危機介入

ここでは,「例外」(うまくやれている状況)をみんなで観察します。

Introduction

　問題(うまくいっていないこと)をみんなで数え上げれば,誰でもその問題の量の多さに圧倒されます。人生には問題しか起こっていないような錯覚に陥ります(たとえば,最近相次いで発生する少年事件の報道を聞いていると,少年皆が危険な存在に感じさせられてしまいます)。日常の意識のなかでは,うまくいったことはザルの目から砂がこぼれ落ちるようにほとんど忘れ去られ,意識(ザル)に残るのは問題(石ころ)ばかり……その石ころの山を見てため息をつく……実はこぼれ落ちた砂の中に砂金がザクザク……なのに。

　「例外」とはこの砂金にあたります。そこに注目しない限り,こぼれ落ちてしまい,たくさんの「例外」があっても利用できないのです。私たちは,問題を指摘されれば意識は問題に向けられ,「例外」を聞かれれば意識は「例外」を探索します。せっかく子どもたちや人にかかわるなら,「例外」を見つける質問(Lesson 4のテーマ)や「例外」の観察(今回のテーマ)を行ってください。「例外」は多くの人で探したほうがたくさん見つかります。一人の子どもの「例外」を学級の30人で探したら……? 30人の「例外」を30人で見つけたとして,30×30＝900……。日常が900もの「例外」で埋め尽くされた学級にとって,それはもはや例外ではありません。「例外」とは「すでに起こっている解決／うまくやれている状況」なのですから。うまくいっている素敵な学級

が，そこにある現実なのです。

Case

暴力的なE男を抱え，授業が成立しない小3の学級

机を倒す，物を投げる，教室内を歩き回る，外に飛び出す，同級生を殴るなど暴力的な小学3年生のE男は，担任女性教諭に対しても，「バカ！」「殺してやる！」などの暴言や，殴る蹴る，眼鏡を投げつける，嚙みつくなどの暴行を働くようになった。担任自身の身が危険な状態の上，彼への対応に手を焼き，授業が成立しないことが多くなった。E男の母親は「担任の対応が甘い」と述べた。担任は自信喪失し不眠も出現して，心身ともに衰弱状態に陥った。周囲の親からの要求もあり，管理職ができる限り教室に入り，とくに教頭はE男を教室から連れ出して，徹底的に遊んでやるようにした。しかし一方で，これらの対応は「彼のためになっていない」という意見も教員の中には生じていた。

Question & Work

(1)この事例を読んで，まずどんな取り組みをしたらいいと思いますか。2つ考えて書いてください。

①_____

②_____

(2)この事例への援助に，学校全体でどんなことをすればいいですか？

_____

_____

ここで一句　「例外」観察　みんなでやれば　怖くない！
多くの人で「例外」観察をすれば，より良い対応法が見つかります。

Answer

　　　　！かかわり方のヒント！　　暴力などの問題行動をともなう場合，危機介入が優先します。しかし，そのような場合でも，少しでもうまくやれている瞬間，問題行動をしていない時間，「例外」は必ずあります。

(1) まずどんな取り組みをしたらいいですか？（2つ）

　取り組みは以下の方向性で発想されるでしょう。

　　①担任への援助　　　　②学級の子どもたちを守る
　　③Ｅ男への指導援助　　④保護者への対応，など。

　具体的には，主に①と②の目的で，学級に2人以上の大人が入る，①と③のために専門治療相談機関に相談（連携）する，④としては，Ｅ男の保護者と面談をする（まず関係性を築くことを目指す，管理職や養護教諭が同席する），保護者会を開く，などが考えられます。

　この事例は暴力をともなっており，まず「危機介入」が優先されます。Ｅ男や担任のリソース探しも大切ですが，それはとりあえず後回しです。自傷他害の危険性がある場合は，事件や事故が起こってからでは遅いので早急に組織をあげての対応（危機介入）が必要です。事故になれば被害者・加害者・関係者のすべての人が傷つきます。ましてそれが学校場面で起こった場合にはなおさらです。Ｅ男への教頭らの（個別に遊ぶなどの）対応では不十分と感じ，Ｅ男にもっと厳しい対応を求める教員の声も，万一の事件や事故を危惧してのことと考えれば，無理からぬものだったでしょう。しかし，校内で教職員の意見が割れていては，介入援助は成功しません。担任，学級，Ｅ男自身，学

アドバイス

(1) 自傷他害の恐れのある場合は，「危機介入」が優先

〈危機介入の目的〉
a) 安全の確保
b) それ以上の事件・事故を未然に防ぐ
c) 一刻も早く元の状態に戻す

〈危機介入の原則〉
a) 事態の状況把握
b) 情報の開示
c) 組織的な対応
d) マンパワーの配置と介入（役割分担）
e) 介入方略の点検

校全体，どれもすべて守りたい思いは本来みな同じはずです。この共通の思い（願い）を(2)で活かします。

とにかくまず大事なことは，教室に大人を2人以上入れることです。E男の暴力を阻止したり，外へ飛び出す彼を追いかけたり，助けを呼んだり，とにかく一人では対応できません。管理職が動いて，その2人以上の指導体制を至急つくります。そのために，この事態についての情報の開示を（必要な範囲で）早急に行います。そして他の学年団や保護者にも人的支援の協力を仰ぎ，必要なら教育委員会に緊急要請をして補助教員に入ってもらいます。事態の原因詮索や対策の是非論以前に早急に講じるべき措置です。

(2)学校全体でどんなことをすればいいですか？

(1)と並行して，事態の共通認識（E男の発達障害の査定など）と，それへの対応方針の共通理解を学校全体で持つことが重要です。具体的には，E男の対応への校内事例検討会を開催し，外部の専門家の助言も仰ぎます。

その際，E男の行動観察記録が役に立ちます。彼について「ちょっとでも良い状態のとき（例外）」と「問題行動を起こしたとき」のそれぞれについて，その前後の状況を含めて，全教職員で一定期間よく観察し，それぞれが記録します。それらの集計結果は，E男への具体的で効果的な対応指針を導きます。

暴力的児童を抱える学級への優先的取り組み
↓
a) 学級に2人以上の大人を配置
b) 管理職の介入・指揮
c) 保護者との情報交換・協力体制

(2)学校全体で行うこと
a) 事例検討会
（外部専門家による学校コンサルテーション；査定と対応方針）
b) 行動観察と記録
「例外」と「問題行動」の両方の行動観察

Key Point
- 暴力的児童を抱える学級へは，安全確保の「危機介入」が最優先
- 問題児童の「例外」観察では，ちょっとでも良い表情／状態のときと，その前後にあったことを記録する
- 問題行動への対応指針は，全教職員での「例外」観察から得られる

Exercise

　Lesson 4 の Homework（下記 PART Ⅰ 参照）は，いかがでしたか？　どんな発見がありましたか？　「これからも続いてほしいこと」とは，要するに「うまくやれている状況」であり，「例外」です。この質問は，「例外」という言葉を使わずにそれを観察する質問で，非常に洗練されたフレーズです。これは，解決志向アプローチ（Solution-Focused Approach）において，初回面接公式課題と呼ばれているマニュアル課題です。つまり，どんな事例の援助においても，解決に焦点をあてるなら，この課題（「例外」の観察）から始めることがもっとも役に立つということなのです。

〈PART Ⅰ〉

　「（次回お会いするまでの間）あなたの生活（や学校・学級／家庭）の中で起こることで，これからも続いてほしいことについてよ～く観察し，できればそれを書き留めておいてください」

　子どもたちへの指導援助，あるいは保護者面接（ときには後進の指導）に対し，実際にこのフレーズを使ってやってみてください。

　そして，この課題を出してみて，その後（今までと違って）どんなことがうまくいったか，記入してください。

_____
_____
_____

〈PART Ⅱ〉

　自分の学校で，実際に問題行動のある子どもを一人特定し，次の行動観察表（資料 1）を配布し，なるべく多くの教職員で記入してください。

〈PART Ⅲ〉

　①PART Ⅱ を集計し，資料 2 を参考に子どもの行動傾向をまとめてください。

　②①をもとに校内事例検討会を開き，より良い対応方法を確認してください。

〔資料1〕

先生方へ　　　　　　　　　　　　　　　　　　　　　　　　○○委員会

　△月の職員研修のために，○○委員会で事例をまとめます。教室以外のことでも，どんな小さなことでも構いません。下記に記入して，△月×日(□)までに提出して下さい。
　※この機会に「組織としての関わり」も考えたいので，全員の提出をお願いします。
　もし，まったく関わりがなかった場合は，「なし」と記入していただければ結構です。

　　　　　　　　　　　　　　　　　　　　　　学年　　　　　　　　　

1．その子が"ちょっとでも優しい表情をしたとき"の前後にあったことや<u>先生（自他）やまわりの子の関わり</u>をよ～く観察して，記入して下さい。

どんなとき	→	どう接したら	→	どうなった

2．問題行動を起こしたときの前後にあったことや関わりについて

どんなとき	→	どう接したら	→	どうなった

〔資料2〕

○○君の行動の傾向について

	荒れやすい	荒れにくい
一週間の中では	休みあけ・週のはじめ	週の半ば（？）
教科・学習	国語・図書	体育・図工・算数・3年合同・お楽しみ会（計画も含む）
スポーツ・勝負事	自分（の班）が一番でないとき	勝ったとき
保護者に対して	学校での様子を知らせ，協力をお願いする	
学校での指導	・一方的に禁止する ・遊んでいるものを取り上げる ・荒れ始めのときに我慢をさせる ・たくさんしかる ・大人が複数で取り囲んでしかる ・ちょっかいや挑発的な行動を無視する・きつくしかる　追いかける・おさえ込む	・視線を合わせて，諭す ・ちょっとでも良い面や得意なことなどを見つけてほめる ・○○君のやっていることに興味をしめす ・さらりと指導する

Lecture

☞ふりかえってみよう☜ 児童・生徒も教師も，彼ら自身が，何が好結果をもたらすかを一番よく知っている問題解決の専門家です。みんなでの「例外」観察は，学校のやれている力や対処法を見つけ出すのに有効な方法です。

　E男への対応を検討するための校内事例検討会に，講師として（筆者らの相談室スタッフが）参加しましたが，その検討会までの準備（かかわりのプロセス）は見事なものでした。担任，校長，教頭，養護教諭それぞれが，E男や保護者とのかかわり，外部機関との連携についての詳細な経過報告書，E男の教室に入る先生の振り分け表，E男の観察記録，事例の動きを時系列にまとめた全体資料を作成していました（これら詳細な資料から彼の発達障害査定も明確になりました）。なかでも，全教職員によるE男の「例外」観察アンケートの結果集計は，その検討会を実りあるものにしました（すでに「例外」の発想を学んでいた養護教諭が，この観察調査を実施していました）。

　Exerciseで示した資料は，実はこの小学校で実施されたものだったのです!! E男が「ちょっとでもやさしい表情をしたとき」「良い方向へ変わったとき」のかかわりを一部紹介します。

・給食のこぼれものの片付けを自分がやりたくて担任を罵倒したとき⇒「それはいけない言い方だよ」と頬をさわると⇒少し神妙な顔でこちらを見て一瞬我に返った様子（スキンシップ）。
・職員室に荒れた状態で来たとき⇒「本当に何もいけないことしなかった？」と問いかけたら⇒はじめは

ポイント

〈校内事例検討会〉を成功させる５つのコツ
a) 多くの教職員が事前準備作業にかかわる
b) 情報は，縦系列（生育史）以上に，横系列（学級・教職員・保護者・外部機関とのかかわりの経過）が有効
c) 事前の「例外」観察アンケートの実施
d) 教職員の共通の想い（Answerで言及）を基盤にする
e) a)～d)を活かす学校コンサルテーションができる講師の選定

「何もしていない」と言っていたが，「本当に？」と目を覗き込んで聞くと，少しずつ友だちのものを蹴ったことなど話し出した（視線を合わせる）⇒「今のままで本当に楽しいの？」と聞くと⇒首を振って「楽しくない」「良くない」と答えた（一方的に正義を振りかざさず，本人の気づきを待つ）。
- 算数でサイコロ作りをしたとき⇒「きっと上手に作れるね，作って見せて」と言ったら⇒夢中で作り先生のところへ持ってきた⇒先生がみんなの前で大きな声でほめたら⇒とても満足そうに次々と作った（先生からの評価）。

このような「例外」がいくつも観察／発見されました！　これに基づき実際にE男の「荒れやすい・荒れにくい」行動傾向をまとめたものが，実はExerciseに挙げた資料2で，E男にどんな指導が適切かについて具体的に示されています。これは，E男を甘やかすものでも管理的指導でもない，教育的な指導指針を導くものです。「例外」の観察が有効なのは，単に「例外」を見つけるだけではなく，「例外」が何によってもたらされているか（意図的例外）を知ることができるからです。それがわかれば，それを繰り返せばいいわけです。「例外」が単なるまぐれ（偶発的例外）であるなら，もっと観察して，意図的例外を見つけることが必要です。

……「例外」の解説……

「例外」には，「偶発的例外」と「意図的例外」の2種がある。
① 偶発的：「例外」は発見されているが，自分が関与していない（偶然による）場合
例：天気が良かったから
② 意図的：発見された「例外」に自分が関与している場合
例：挨拶をしたから

※みんなで「例外」観察をすると，「意図的例外」が見つかりやすい
※「意図的例外」を蓄積することで対応方針が明確になる

Homework

- 学級（家庭）内で，「例外（うまくやれたとき）」観察をするワークを工夫してやってみましょう
- 学級班のメンバー同士で，お互いに「いいとこ探し」ゲームをやり，班ごとに発表してみましょう

2nd Stage

Lesson 6
成功の責任追及

今回は「例外」(うまくやれている状況)を評価し維持できるようにします。

Introduction

　Lesson 5では,「例外」の観察を扱いました。「例外」の観察は,単に「例外」を見つけるだけでなく,「例外」が何によってもたらされているかを知ることに役立ちます。今回は,「例外」がどうしてもたらされたかについての追及がテーマです。つまり,成功(例外)の責任追及!!です。

　発見された「例外」に対して,「どうやってやったの?」「どうしてやれたの?」「なぜうまくいったの?」「誰のせいなの?」……根掘り葉掘り探りましょう。それをきちんと評価することにより,その良い状態を繰り返し起こせるようにすることがねらいです。

　私たちはふだん,失敗の責任追及に余念がありません。とくに指導や子育てのなかでは,それが一般的です。おなじ責任追及をするなら,それは失敗にではなく,成功に対して頻繁に行われなければならないでしょう。

Case

友だちからナイフを見せられ,登校恐怖になった中1のF子

　中学1年生のF子は,授業中に道具の使用をめぐって友だちとトラブルになり,気まずい関係となった。トラブル相手は学級のボス的存在で,その仲間たちも,F子の陰口を言うようになった。F子はしばらくそれに耐えて登校して

いたが，約1週間後に当事者ではない友人から，ナイフの刃先を数秒間見せられる事件が起こった。それ以来，恐怖心からF子は登校できなくなった。学校は関係者に対し保護者も含めて十分な指導を行い，席替えほか，F子の希望にできる限り応じた。F子の母親も，昨今の少年事件を連想しパニック寸前となったが，ともかく心の傷が癒えるまで無理に登校しなくてよいとF子に伝えた。F子は定期考査のときだけ保健室に登校した。心配して保健室を訪れた親友らの前では元気に振る舞っていたが，その後も登校しようとすると震えがくるため欠席が続いた。F子は末っ子で，父親は海外赴任中である。

Question & Work

(1) この事例を読んで，F子の「例外」を見つけてください。

　　　① _____　② _____
　　　③ _____　④ _____

(2) F子には，「例外」（成功）の責任追及をする質問（なぜうまくいったのか？）を，母親には「意図的例外」（自分が関与している「例外」）を引き出す質問を，それぞれ2つ考えて，書いてください。

　〈F子〉① _____
　　　　② _____
　〈母親〉① _____
　　　　② _____

(3) F子の心の傷の癒えた状態を評価するための質問を考えてください。

_____
_____
_____
_____

ここで一句　やれたこと　責任追及　君のせい

「例外」が，もはや「例外」でなくなるために，成功の責任追及をして，それをまた繰り返せるようにします。

Answer

！かかわり方のヒント！

「例外」（すでにうまくやれている状況）は，誰の手柄なのか？ 成功の責任を丹念に追及し，手柄を十分にほめます。また進歩を，0から10までの尺度で査定し，自己評価できるよう支えます。

(1) F子の「例外」を見つけてください
① 1週間陰口を言われても登校した，② 保健室で定期考査を受けられた，③ 親友が心配して保健室にも来てくれた，④ 登校しようという気持ちがある。

(2) F子への，「例外」（成功）の責任追及をする質問
① なぜ陰口を言われても初めの1週間登校できたの？
　ア）そのとき，F子はどんな自分のなかの力を使ったの？
　イ）その力は，F子のどんな発想／信念から培われたの？
　ウ）その力は，他にどんなときに使われて役立っているの？
　エ）周りの人がF子のその力を知ったら，どんな態度を取ると思う？ 今とはどんな風に違うと思う？
　オ）F子のこのような姿勢／努力から，他に誰が力づけられていると思う？
　カ）それがやれた自分に何と言ってほめてあげる？
② そんな辛いなか，どうして定期考査が受けられたの？
　一日だけではなく，どうして全日程受験できたの？
　お母さんが無理しなくてよいと言ったのに，F子が受験できたのはどうしてなの？
③ 心配して保健室に来てくれる親友が複数いるのは，

アドバイス

※「例外」の復習は，Lesson 4を参照

〈「解決」への手順（コツ）〉
a)「例外」を見つける
b)「例外」の発見に反応し感嘆する
　（例：ワァ！ すごい！）
c) すかさず，その成功の責任追及をする（(2)のア）〜ウ）の質問）
d) 成功を本人のせいにし，それを前提に質問する（エ），オ）の質問など）
e) やれたこととやり方を，周囲から評価し，自分自身でもほめる（カ）の質問）
f) また，それをやることを奨励する（Do more）

F子にどんな面があるからだと思う？
④身体は震えるけどそれでも登校しようという気持ちがあるのは，F子のどんな面が力強いからだと思う？（②から④に対してもア）～カ）の質問を続けることができます）

〈母親への「意図的例外」を引き出す質問〉
①大変ご心配だったと思いますが，お母様はこの一件ではどんなところに努力されたのですか？
②いつもと違って，今回お母様が少しでもうまく対応できたことはどんなことですか？
③F子に無理強いしなかったことで，F子が少しでも得られたものは何でしょうか？
④お父様の力を身近に借りられないのに，どうやって一人で対処なさることができたのでしょうか？
⑤F子が最近少しでも良いときは，事件直後とどう違っていますか？ そのときお母様はどんな状態で，どんな対応をしたのですか？
⑥今までの経過の流れは，事件直後とくらべて少しも良い方向か，それとも悪い方向に行っていますか？

(3) F子の心の傷の癒えた状態を評価するための質問
①最悪の状況をゼロ，良い状態で楽しくやっている（心の傷が癒えた）状態を10とすると，休み始めたころは何点で，今は何点ですか？
②その点数の差（進歩）には，何が役に立っていると思う？ どんなことが良かったのかしら？

---

①④は，コーピング／サバイバル・クエスチョン
↓
「そんな大変ななかでどうやったのか？」

〈状態や進歩を評価する（スケーリング・クエスチョン）〉
a) 0−10の段階尺度で，どのあたりか？
b) 以前と今の状態を0−10で比較評価し，差異に注目する
c) 進歩した差の成功の責任追及をする

Key Point
- 「例外」を見つけたら，すかさず成功の責任追及をする
- 成功を本人の手柄にし，それをほめ，また行うことを奨励する
- スケーリング・クエスチョン（0〜10の尺度）で進歩を評価し，スモールステップで進む

Exercise

　職員研修会で利用できる「成功の責任追及のワーク」を，ここで紹介します。サバイバル・クエスチョンやスケーリング・クエスチョンを実際に体験してみてください。工夫すれば学級の子どもたち同士でもできるでしょう。また，保護者会やPTA懇談会で，保護者同士で行うワークにもなります。

★成功の責任追及のワーク

〈PART Ⅰ〉サバイバル／コーピング・クエスチョンをする
［インストラクション１］
　（あまり知らない人同士で）２人組を作り，向かい合って座ってください。AさんはBさんに，自分にとって困難だった状況を話してください。
　（約２分間が適当でしょう）
［インストラクション２］
　BさんはAさんに，次のように質問してください。
　「そんな大変な状況の中で，よく投げ出さずにやってこられましたね。一体どうやってやってこられた（やり過ごされた）のか，教えてもらえますか？」
　AさんはBさんに，自分なりに考えて答えてください。
［インストラクション３］
　次に，BさんはAさんに，その答えを受けて次のように質問し，成功の責任追及をしてください。
　「そのことにどんなことが役に立ったのですか？」「Aさんのどんな力が使われたのでしょうか？」「その力は他ではどんなことに使われているのでしょうか？」（答えが出てきたら，「それから？」「ほかには？」と続けて聞いてみましょう）。
［インストラクション４］
　BさんはAさんに，Aさんの持つ力（リソース）や対処法が「大変素晴らしい」と評価してほめてください。そして，Aさんに「それをまたこれからも続

けてください」と伝えてください。
［インストラクション5］
　今度は，AさんとBさんで役割を交代して同じことを行います。
［インストラクション6］
　今の体験について，Aさん，Bさんの2人で気づいたことなど，感想を話し合ってみてください。
〈**PART Ⅱ**〉スケーリング・クエスチョンをする
［インストラクション7］
　Aさん，Bさんのそれぞれが今の体験をふりかえります。0から10までの尺度で，0が最悪，10が最高として，今日ここで研修が始まる前の状態が何点，たった今このワークを終えた状態が何点と，点数を付けてみてください。
［インストラクション8］
　AさんとBさんで，自分の2つの点数と，その点差の理由について，相互に報告し合ってください。
［インストラクション9］
　今の体験について，Aさん，Bさんの2人で気づいたことなど，感想を話し合ってみてください。
［インストラクション10］
　今度は，今の2人組の体験を，皆さんに，フィードバックしてください。
［ふりかえり］
　困難な状況の中で，自分がどんな力を使えていたのかは，質問されてみて初めて見つけることができるものです。それを相手から評価しほめてもらうことで，自信が湧きます。ほめることは，関係づくりや共感のためだけではなく，人を動かす最大の介入なのです。また，スケーリングは，自分の変化／進歩を具体的に知ることに役立ちます。それは相手の「例外」やリソースを知ることで，自分のそれについても，もっと多く気づくことができるからです。

Lecture

☞ふりかえってみよう☜　どんなに小さくてもすでにある成功例を増やしていくほうが，問題を除いていくよりも生産的です。スケーリングによって小さな成功を評価し，スモールステップで失敗しない行動指針につなげます。

　F子は，辛い状況にはありましたが，そのようななかで，すでにいくつもの「例外」（Answerの(1)）が存在していました。そこに注目し，成功の責任追及をしてF子の潜在的な力を引き出します。担任をはじめ学校は事態を真摯(しんし)に受け止め，ナイフを見せた生徒は強く反省して，F子の登校を待ちました。

　F子の恐怖心に注目し，その原因（末っ子で過保護？　母子密着？　父性不在？　学校への不信感？）を想定し，原因のシナリオをつくっても何の役にも立ちません。それよりも，生徒や保護者に対する話し合いを徹底し，F子やクラスがこれからどうやっていくのがよいのかを考えて動くほうが重要です。

　Answer(2)で示した，成功の責任追及の質問がF子親子には有効でした。F子は，自分は人目を気にしやすく，人の反応で不安定になりやすかったが，本当は負けず嫌いでがんばり屋，親友とお互いを大事にし合う面，人を許し信じたい気持ちが強い面，親を心配させたくない面など，自分が困難に負けないでやれる面をたくさん持っていることに気づきました。

　母親もまた，ショックでパニックになりそうだったにもかかわらず，自分は親なのだから不安定になってはいけないと，できるだけ冷静に学校や関係者に申し立てをし，余裕を持ってF子に対応するよう，克己し

ポイント

困難な状況であっても，複数の「例外」が存在すれば，「解決」はすぐ側にある

「スケーリング・クエスチョン」の解説

「0から10までの尺度で，0が最悪，10が最善とした場合，どのあたりですか？」

・抽象的なものを具体的に把握できる
・数値の大きさではなく，差異や変動を扱う
・10に足りない分ではなく，0から積み重なった分を取り上げる
・スモールステップのゴールは失敗させないために有効

たとのこと。そして自分が母親として十分に立派だったと評価できるようになり、見違えるほど安定しました。

スケーリング・クエスチョン（(3)での質問）でF子は、事件直後は1，保健室受験が終わったときは3，最近は5.5と語りました。事件直後でも0ではないのは、親友や親がいたからとのことで、答えながら状態が少しずつ上向いていることに気づいていきました。そしてその進歩が、F子自身の力・リソース（負けず嫌い、繊細でやさしい）によってもたらされていることを認識し始めました。ただ、F子は自分が10の状態にならないと学校には行けないと思い込んでいました。そこで筆者は「一足飛びに10にならなければダメだと思い込んだら、誰でも足がすくむよ。次は0.5upを目指すくらいのつもりで……安心できる授業にまず一つ出るところから始めるのはどうかな？」と問うと、F子は「少しのことでも自分をほめてあげればよいのですね？」と答えました。

筆者がF子と対応したのは、この1回だけでした。F子はこの翌々日から2週間ぶりにまず保健室から段階的に登校を開始し、その後いくつかの試練を乗り越え、学校に復帰しました。

子どもたちに「生きる力」を育てることは、成功の責任追及をし、成功の手柄を彼らに渡すことです。

〈成功体験のための目標の作り方〉
a) 大きなことでなく小さな目標
b) 抽象的ではなく具体的に行動の形で記述できる目標
c) 否定形ではなく肯定形で語られる目標

Homework

- タイムマシンに乗って，自分の8年後の誕生日を見に行ったとしたら，どんな外見で，どんなふうに，誰と，どこで，何をして過ごしているでしょうか？ ビデオでその光景を映し出すように思い浮かべ，できればその一日を書いてみてください

Column 2
●今に生きるミルトン・エリクソンの言葉●

「人々は,元来変えようのない過去について啓発を得ようと思って,心理療法を受けにくるのではない。今に対して不満があり,より良き未来を得たいと思ってくるのである」。20世紀最大の心理療法家と称される故ミルトン・エリクソン（M. H. Erickson; 1902～1980）は,クライエントにとってより大事なものは彼らの「未来」であり,未来のイメージが彼らの「未来」を,そして「現在」や現在に至る「過去」をも決定しているということを,多くの事例に対する心理療法の成果から見出しました。従来の心理療法やカウンセリングは,主に「過去」から「現在」を扱うことが多かったわけですが（今でも心理療法の多くは「過去」から「現在」に焦点をあてています）,エリクソンの関心は常に「未来」「解決」に向けられました。エリクソンの言葉は,今なお新しいと感じられ,多くの指針を与えてくれます。

「過去は変えられない。せいぜい変えられるのは,過去に対する見方や解釈の仕方だけである。（中略）人は明日に向かう今を生きているのである。ゆえに心理療法（指導援助）は,明日,来週,来月,その先の未来に向けて今日をどう生きるかに,きちんと方向づけられていなくてはならない」。

「患者（子ども）は,今日と明日では別の人間であり,来週,来月,来年はまた別の人間となる。今から5年後,10年後,20年後,やはり彼らは別の人間である。われわれは皆,それぞれに背景を持って生きている。それは確かにそうなのであるが,しかしわれわれは毎日を違った人間として生きているのである」。

「（心理療法のなかで）患者に何か新しいものを与える必要はない。また逆に,患者のどこか悪い部分を取り除いてあげる必要もない。私が患者にお願いしていることは,あなたが持っているにもかかわらず,そのことに気づいていない技術を使ってみましょう,というだけのことだ」。

ここには未来志向だけではなく,その人の持つ個性やリソース,変化の可能性を活かす考え方,本質的な意味でのクライエント中心哲学があります。

「それぞれ,人は独特である。それ故,心理療法（指導援助）は,こちらのサイズに合わせるのでなく,その人の独自性に合わせてしつらえるべきである」。

3rd Stage

未来志向アプローチを実践する

子どもは未来です。
子どもは未来からの使者であり，
未来からお預かりしているものです。
学校は，未来からの使者たちが集う場です。
当然，学校は「未来を志向する」場となります。

3rd Stage

Lesson 7
タイムマシン・クエスチョン

さて，3rd Stageでは，「未来時間イメージ」が，子どもたちに対して素晴らしい力を持つことを学びます。

Introduction

「学校はそれ自体が目的ではなく，未来志向的な性質を有している」。

デンマークの発達心理学者レンズ（W. Lens）の言葉です。学校は言うまでもなく，それ自体が目的でも，ゴール（到達点，終着点）でもなく，未来に向かう子どもたちの通過点なのです。

したがって，そこでの指導援助は未来志向的なアプローチでなければなりません。3rd Stage のテーマは，「未来志向アプローチ」です。21世紀を生きる私たちは，今まで以上に人類の未来を意識し，考えなくてはなりません。そして子どもたちにとっての「未来時間イメージ」は，私たちが考える以上に大きな力／意味を持っています。

発達心理学領域における時間的展望（time perspective）研究の発展のなかで，未来展望（future time perspective）や未来志向性（future orientation）が，青少年の発達において重要な役割を果たす，という知見が多く得られています。過去からの発達の積み重ねによって現在の自己像が規定されるのではなく，「未来への時間展望（未来志向性）」が現在の自己像を規定し，生きがい感や目的意識などをその人に持たせ，それによって自我同一性（アイデンティティ）の形成／確立が影響するということが明らかになってきています。

「生徒の未来志向性が，内発的達成動機づけ（自発的なやる気）を強化する」

とレンズは述べています。

Lesson 7 では，子どもたちの未来に向けて直接アプローチする方法を紹介し，「未来時間イメージ」を子どもたちが描くことの意義を学びます。

Case

いじめをきっかけに小4から不登校になった小6 G子

G子は小学6年生。男子児童からのいじめをきっかけに，小4の1月より不登校。家では明るく元気で，絵を描くのが大好きだが，外に出ると人の目が気になりドキドキしてしまう。幼稚園時代の友だちが助けになり，最近少しずつ外出できるようになった。肥満（160cm，70kg）を気にしているが，ダイエットは何度も挫折。G子は中学は行くべきだと思っているが，自信がない。母親は勉強の遅れと，太っていることが登校への障害になっていると考えている。

両親は3年前に離婚（父親の問題飲酒）。母親，兄（7歳上），G子の3人暮らし。兄は中2のころ不登校で家庭内暴力があったが，現在はアルバイト中。

Question & Work

G子は自分の未来をどうとらえているのでしょうか？ G子に，自分の未来をありありとイメージしてもらえるような質問を考えてください。

___

___

___

___

___

___

___

ここで一句　未来の自分　タイムマシンで　見に行こう！
子どもたちの過去ではなく，未来に力があります。

Answer

！かかわり方のヒント！　未来は過去からの延長線上にあるわけではありません。未来の時間は，今現在刻々と新しく創られています。過去を問題にするよりも，ダイレクトに子どもたちの未来時間を問うほうが重要です。

　G子に，自分の未来をあ・り・あ・り・とイメージしてもらうために，どのような質問をすればいいでしょうか？

　ここで聞きたいのは，G子自身が「きっとそうなっているだろう」という，未来時間のイメージです。その未来のある時点をあ・り・あ・り・と見ることができるためには，質問を楽しくする工夫が必要です。

　①「タイムマシン」を使って，未来を見に行くことを想定する。

　②ドラえもんの「どこでもドア」を使って，未来へ行ってみる。

　③宇宙ロケット，天使の魔法の金粉など，異次元異空間に行ける道具を想定して，未来に行ってみる。

　以上のような，楽しく考えられると同時に，少し奇抜な発想を用いて質問するのがいいでしょう。

　G子にした質問は，以下のようなものでした（実際には，母親からG子に問うてもらいました）。

　「G子ちゃんが，タイムマシンに乗って，中学2年生の，つまり今から2年後のある日を見に行ったとしたら，何をしているかな？　どこで，誰と，どんなふうに過ごしているんだろう？　どんな一日を過ごしているのかな？

　G子ちゃんは絵が得意だから，絵に描いてくれてもいいよ。2年後じゃなくても，16歳とか，20歳でもい

アドバイス

未来をあ・り・あ・り・と見るために有効な質問
↓
・タイムマシン・クエスチョン
・どこでもドア・クエスチョン

未知の未来を見る
↓
・楽しく，奇抜な発想
・意表を突く発想

いよ。G子ちゃんがタイムマシンでいつごろを見たいかを考えて、それを絵に描いてくれるといいな……」。

学校場面では、一般的に児童・生徒の将来や未来を聞く質問として、以下のようなものをよく耳にします。

ア）中学／高校ではどうしなければいけないの？
イ）将来はどうするべきなの？　どうなっているべきなの？
ウ）将来、何になりたいの？　どうしたいの？
エ）将来の夢や希望はあるの？

これらの質問は、子どもに将来や未来を聞いているようでも、上記の①～③の質問とは異なります。

ア）イ）は、「～べきだ」「～ねばならない」（義務や必要）の未来像を聞いており、ウ）エ）は「～したい」「～ならいいのに」（希望・願望・夢）を聞いています。義務「～べきだ」の未来像は、他者からの要請であり、自己決定によるとはいいがたいものです。次の希望・願望の未来像は、希望を抱くこと自体は大切なことですが、実際には「～ならいいのに（……でも、できない）」といった諦めや否定の発想に至る場合が多いものです。両者とも実現されにくい未来像といえます。子どもたちに描いてもらうことに意味があるのは、G子に質問したような必然的な未来進行といえる未来像です。これがもっとも実現される可能性が高いのです。

> タイムマシンで見てきた未来の光景を、絵に描いてもらう

> 「これからどうするべきなのか？」は、学校場面でよく問われる未来像

> 〈未来時間イメージの3水準〉
> a) 義務「～べきだ」
> b) 願望「～ならいいのに」
> c) 必然的未来進行「きっとこうなっているだろう」

Key Point
- 未来志向性が、子どもの自発的なやる気を強化する
- 未来像には、a) 義務、b) 願望、c) 必然的未来進行の3水準がある
- 「タイムマシン・クエスチョン」で、③必然的な未来時間イメージを問う

Exercise

　児童文学や絵本には，時間をテーマにしたものが大変多いと指摘されています。なかでも，灰色の時間泥棒から人間の時間を取り返しに行く物語，ミヒャエル・エンデ作の『モモ』(大島かおり訳，岩波書店)は，秀逸で示唆に富んでいます。

　「しかしこの時間は，ほんとうの持ち主から切りはなされると，文字どおり死んでしまうのだ。人間というものは，ひとりひとりがそれぞれじぶんの時間を持っている。そしてこの時間は，ほんとうにじぶんのものであるあいだだけ，生きた時間でいられるのだよ」。「人間はじぶんの時間をどうするかは，じぶんじしんできめなくてはならないからだよ。……光を見るためには目があり，音を聞くためには耳があるのとおなじに，人間には時間を感じとるために心というものがある。そして，もしその心が時間を感じとらないようなときには，その時間はないもおなじだ」。

　子どもたちの必然的な未来時間イメージを問い，描く場を提供することは，彼ら自身が自分の時間をどうするかを決めるため，彼らの時間が本当に彼らのものになるための，有効な援助方法なのです。

　さて，Lesson 6 の Homework では，タイムマシンに乗って，自分の8年後の誕生日を見に行っていただきました。皆さんは，8年後のどんな自分に出会ったでしょうか？

〈PART Ⅰ〉タイムマシン・クエスチョン

　「タイムマシンに乗って，自分の何年後かのある日を見に行ったとしたら，どんな外見で，どんなふうに，誰と，どこで，何をして過ごしているでしょうか？『どうなっているべきか』とか『どうなっていたい』というのではなくて……ビデオでその光景を映し出したとしたら何が見えるでしょうか？　その一日を描写してみてください」(ビデオを視るように，ありありと描写することを，ビデオ・トークと呼びます)。

Lesson 7●タイムマシン・クエスチョン

A．上記の質問を自分自身にして，その一日を書いてみてください。
　①10年単位の遠い未来のある日（　　　　年後。季節：　　　日時：　　　）
　_____
　_____
　②数年後の未来のある日（　　　　年後。季節：　　　日時：　　　　）
　_____
　_____

B．職員研修などで，タイムマシン・クエスチョン（上記質問）をお互いに体験してみましょう。
　①2人組を作り，相互にこの質問をして，答え合います。静かな落ち着いた雰囲気で質問し，じっくりとイメージを広げ，ビデオ・トークできるように手伝います。
　「どんな格好をしているの？　髪型は？　洋服は？」「何時ごろですか？」「どんな天気ですか？」「周りに何が見えますか？」「そのときは周りに誰がいるんですか？」「何か音が聞こえますか？」「香りは？」「それから？」「他には？」
　②双方が語り終えたら，感想を述べ合います。
　③全体でフィードバックし合います。

〈PART Ⅱ〉
　学級（家庭）で，子どもたちともやってみましょう。
A．上記のタイムマシン・クエスチョンをして，子どもたちの好きな未来の時期に飛んで，それを（絵に描き／文章に書き）発表し合います。
B．画用紙を4分割にして，遠い未来の方から，何年かごとのある時期を（4コマ漫画の要領で絵に描き／文章に書き）発表し合う（例：小学高学年児童に行う場合。30歳の誕生日→20歳のクリスマス→17歳の夏→13歳の春）。

Lecture

☞ふりかえってみよう☞　「未来は，われわれが実現可能な未来を想像する限りにおいて，開かれる」（P．フレス，発達心理学者）。子ども自身の必然的な未来時間イメージを引き出すよう工夫することが大切です。

　小6の5月，G子は，AnswerでのタイムマシンQにより，5年後の自分を見に行き，G子が都心の高校の廊下で，友だちと楽しく過ごしている姿を絵に描きました。その後，G子に次々と変化が表れました。

　毎晩，母親と2人で散歩と称して，外を歩くようになりました。そして，中学の側を通った際，「中学，ここに来るのかな」と言ったり，「M中（アイドルが通う隣の学区の学校）へ行こうかな」と言ったり，中学のことを自分から口にするようになりました。8月に予定されていた親戚との旅行で，G子は水着を着ることを密かに目標にしました。

　6月下旬には，小学校の運動会を見に行き，友だちや担任，校長と握手をしてきました。体重は1か月で5.5kg減少し，漢字学習を自分からやるようになり，「2学期から（学校に）行く」ともらすようになりました。

　8月末には体重は合計14kg減少し，友だちとプールに行くことができ，夏休みの宿題のドリルもほぼ仕上げました。しかし2学期を目前に，G子は少し不安になり，母親に「2学期の最初から行けないかもしれない……怒る？」「2学期一杯は行けなくても，大目に見て……」「でも，3学期は絶対行かなければ，中学に行けないのはわかっているから……」と語りました。

　しかし，G子は見事に2学期の始業式から，登校を

ポイント

G子への，タイムマシン・クエスチョン
↓
高校生の楽しそうな自分の姿を見る・絵に描く
↓
（意欲）
中学校に行くことが暗に前提になる
↓
（動機づけ）
小学校の間に再登校することが目標になる
↓
（自発性）
ウォーキング
漢字学習
↓
減量
学習理解
↓
（達成感・自信）
友だちと遊ぶ
↓
再登校

再開しました!! その後一日休んだ以外は，毎日登校し，中学も毎日楽しく通っています。

　母親は，G子の兄が不登校になって荒れたときに，ある相談所に通いました。そこでは，別れた父親との確執，実家とのつながり，母親の余裕のない養育態度など，どうすることもできない過去を問題にされ，自分を責めることしかできず，自信喪失して中断したとのことでした。子どもを不登校や問題児にしたくて，子育てをしている親など，どこにもいません。さまざまな状況の中で，誰でも精一杯その人なりのベストを尽くしているはずです。なぜ，相談・援助の場面で過去ではなく未来を話題にしないのでしょうか？

　また，教育・指導の場面で，話題にされる未来は，Answerで扱ったa）義務やb）願望の未来像，つまり期待された未来像で，子ども自身によって描かれた必然的な未来像ではありません。これではいくら将来や未来を話題にしていても，子どもの自発性や意欲は出てきません。未来像の違いを意識して子どもたちに問わない限り，c）の必然的進行の未来像は得られないのです。

　G子のケースからもわかるように，必然的進行の未来時間イメージは，子どもたちを成長させる大きな原動力となります。自分自身の未来時間イメージが，自分自身を何よりもエンパワメントしてくれるのです。

> 相談・援助の場では，過去が多く扱われ，未来が問われにくい
>
> 教育・指導の場では，「義務」や「願望」の未来が扱われ，自発性や意欲が育ちにくい
>
> 「必然的進行」の未来時間イメージが，本人を成長させる

Homework

- 未来のある時期の自分に，今の自分から手紙を書いてみましょう（投函せずに，どこかにしまってください）

3rd Stage

Lesson 8
未来の自分と対話する

今回は,「未来」の自分と対話することが,子どもたちに叡知（勇気や対処法）を授けてくれることを学びます。

Introduction

　発達心理学者のフレス（P.Fraisse）は,「私たちのある時点での行動は,私たちの過去と現在のみならず,私たちが未来に持っているすべての期待のあり方にも依存する」と説明し,「私たちが未来を作り出すためには,願望し,欲しなければならない。未来に自ら手を伸ばし,歩かなければならない。未来は私たちのところにやってくるのでなくて,私たちが行こうとするものである」と述べています。

　子どもが問題行動を起こした場合,その子どもたちの過去（生い立ち）が原因視されたり,彼らの現在（家庭・学校・友人などの環境や状況）が問題にされたりします。しかし,似たような過去や現在を持つ者が皆,同じ問題行動（たとえば非行）を起こすわけではありません。なかには非行どころか,後に非常に優れた行いを示し,人々に勇気を与える存在になる者もいます。その差は,むしろ彼らの抱いている未来像にあるといえます。

　Lesson 7では,タイムマシン・クエスチョンを使って,子どもたちに「未来」をダイレクトに描いてもらうアプローチを紹介し,「未来」（未来像,未来時間イメージ）が,彼らの変化・成長に大きな力を持つことをお伝えしました。まさにそうなっているであろうという,子どもたちの必然的な「未来時間イメージ」を描くことが彼ら自身に力を与え,彼らはその未来に向かって歩い

て行きます。実際，筆者にとって，これは子どもたちから先に教えられたことであり，心理学的な理論は後から確認したことでした。

　Lesson 8では，「未来」と交信することで，「未来」からの力をもっと活かす方法を学びます。出会いとは，未来像をもたらすものであるといえます。

Case

落ち込んで泣いてばかりいる中２のH子

　中学２年生のH子は，落ち込んで暗いことばかり考え，食欲もなく涙が止まらない。そんな状態が何週間も続き，痩せてきてしまった。いじめられているわけでもなく，成績も問題なく，とくにこれといった不満はない。しかし「人間はいつか一人で死んでいく」と思うと無性に怖い。年をとって死ぬときのことばかり考え，何も手につかない。夢中になれるものもない。「いっそのこと生まれてこなければ良かった」と思いつめてしまう。親や先生は，そんな先のことばかり考えて悲観しても仕方ないと言うが，頭でわかっていても直せない。

Question & Work

　H子にタイムマシン・クエスチョンをして未来の自分を見てきてもらいます。

(1)彼女が何歳のときへタイムマシンを飛ばせばいいでしょうか？（台詞で）

_____

_____

(2)H子が未来の自分の力を借りるとしたら，どうすればいいでしょうか？

_____

_____

ここで一句　未来の自分　今の自分に　何て言うかな？

子どもたちは，自分の未来から「生きる力」をもらえます。

Answer

！かかわり方のヒント！　未来は力を持っています。未来の自分は，今の自分に必ず良いアドバイスをしてくれます。先生や親から受けたアドバイス以上に，自分が自分にしてあげるアドバイスのほうが教育的であり，効果的です。

(1) 彼女が何歳のときへタイムマシンを飛ばせばいいでしょうか？（その質問を台詞で答えてください）

筆者はＨ子に，「タイムマシンであなたの20歳を見に行ったとして，（カウンセラー室のＴＶを指さして）このＴＶにモニターされているとしたら，何が映っているかなぁ？　20歳だから，今より大人っぽいあなたが映っているよね？」と尋ねました。つまり20歳に飛ばしたのです。どの時期にタイムマシンを飛ばすかについては，いろいろな可能性があります。

筆者の経験から言えば，思春期の子どもであれば3年から5年くらい先，つまり中・高校生であれば，18歳，あるいは20歳にタイムマシンを飛ばすことが，経験的にうまくいく（効果的）と感じています。文献によれば，高校生のほとんどが5〜6年先を具体的な将来展望の範囲と考えており，小・中学生はそれより一般的に短いとされています。

Lesson 7のＧ子は小6でしたが，自分で選んで高2の自分を見に行きました。こちらが，本人に適切な未来の時期を指定して，問いかけられることが望ましいのですが，うまく的を射られるとは限りません。その場合，Ｇ子のように本人に選んでもらうこともあります。未来のどの時期を見に行くことが，その子どもにとって有益かは，ある程度経験すると勘が養えます。

アドバイス

・タイムマシン・クエスチョンの構造
＝
「モニターに映っているのを眺める」設定（ビデオ・トークで答える）
↓
未来をありありと見るために有効

・思春期の子どもの場合は，3〜5年後のある日に，タイムマシンを飛ばすことが効果的

・タイムマシンを，いつに飛ばしたいかを本人に聞くのも良い（本人の希望の時期よりも，もっと先の未来をこちらが指定する場合もある）

Lesson 8●未来の自分と対話する

(2) H子が未来の自分の力を借りるとしたら、どうすればいいでしょうか？

　未来の自分が今の自分になんと言うか、対話してもらいます。つまり、（ある程度成長した）未来の自分からのアドバイスを聞くのです。

　H子の場合14歳ですが、遠い未来について不安を持っていますから、次のような工夫をしました。

　筆者は、まず「60歳のH子さんが、もしここにいたら、どんなふうな人でいると思う？」と尋ねました（これはタイムマシン・クエスチョンの変形です）。H子は初めは「ええっ？」と戸惑いましたが、少し考えてから「60歳だったら……人生経験が豊かで、落ち着いていると思う」と答えました。そこで筆者が「そうね、そして今みたいなことにも、まだ悩んでいるかなぁ？」と聞くと、「ううん……（首を横にふって）……こんなことになんかもう悩んでいない」と答えました。そこで筆者は「ねえ、60歳のH子さんが今ここにいるとして（空席ソファーを指さして）……ここに今悩んでいる14歳のH子ちゃんがいて……60歳の人生経験が豊かで落ち着いているH子さんは、この14歳で悩んで泣いているH子ちゃんに、なんて言ってあげるかなぁ？」と尋ねると、なんとH子は「（泣きながら）がんばれ……とか、今悩むことは大事なことだよって、言ってくれる」と答えました。

・未来の自分の力を借りる

・未来の自分から、今の自分にアドバイスしてもらう

〈未来の自分と対話する〉
a)「未来の自分が、今ここに現れたとしたら、どんなふうな人か？」（タイムマシン・クエスチョンの変形）
b)「未来のあなたは、今のあなたになんて言ってくれるか？」
c)「それを聞いて、今のあなたは、どう感じるか？」

Key Point
- 未来は力を持っている
- 思春期の子どもの場合は、3〜5年後のある日にタイムマシンを飛ばす
- （ある程度成長した）未来の自分から、今の自分にアドバイスしてもらう

Exercise

　私たちは，コミュニケーションの手段として，直接会話をするだけではなく，手紙を書くという方法を持っています。未来の自分との対話は，手紙によっても行うことができます。Lesson 8では，「心理書簡法」を紹介します。

　「心理書簡法」とは，非行少年への矯正教育の処遇技法の一つとして生み出された「役割書簡法」を発展させたものです。それは，書き手が受信相手を想定し，一人二役で手紙の発信受信を繰り返す技法です。

　矯正教育では，まず加害者の自分から，被害者を手紙の受取人に想定して手紙を書き，次に自分が被害者の立場になってその手紙を読み，被害者の立場から加害者である自分に手紙を書きます。一人二役で被害者と加害者の立場をとり，手紙を往復させるわけです。

　このように自分と相手の両方の立場に立つことにより，内省を深め，新しい可能性の発見や思いやりの心を育成するのに役立てる心理療法です。今では心理療法だけではなく，教育現場でも，道徳や総合的な学習の時間のなかなどで応用され，効果を上げています。

　矯正教育施設における非行少年へのこの取り組みのなかに，未来の自分と交信するものがあります。それは，非行少年に「成功した未来の私」と「失敗した未来の私」の両方を送信相手として設定させ，往復書簡する方法です。このことが，非行・再非行の原因を内省する手助けとなり，新しい可能性の発見と未来への指針を生み出すことに効果があることが報告されています。自分自身の未来と対話することによって，罪を反省し，未来を生きるために自分がどうしていけば良いかについて，自分の力で明らかにしていくことができるのです。

　私たちも，未来の自分に手紙を書いて，対話を試みてみましょう。

〈PART Ⅰ〉

①10年後の自分を想定して，10年後の自分に手紙を書いてみてください。

　　（何か今の問題について相談してもいいですし，将来への不安や迷い，あ

るいは期待などの気持ちを語ったり，何か質問してもいいでしょう）
（10年後でなくても適切な未来の時があれば，それでもかまいません。しかしあまり近すぎない未来のほうがいいでしょう）

_____
_____
_____
_____

②次に，その手紙を10年後の自分になって読んで，10年後の未来の自分から現在の自分に返事を書いてください。

_____
_____
_____
_____

〈PART Ⅱ〉

　学級で，子どもたちに「未来の自分と手紙のやりとり」をする時間を設けてみましょう。子どもたちの年齢にもよりますが，小学校高学年，中学生，高校生であれば，「未来の自分」の年齢や立場，状況にバリエーションを持たせて，手紙のやりとりをすることが可能です。

　たとえば，命の貴さや死について考えることは，子どもたちにとって大変大切であり，道徳などの授業でも扱うべきテーマです。「未来のある時に不治の病に倒れた自分」を想定して手紙を書いて，心理書簡法を行うことなどは，その一例です。あるいは，子どもたちがなりたいと言っている将来の職業に就いた自分を想定して，心理書簡法を行うことも進路指導に役立ちます。

Lecture

☞ふりかえってみよう☜　未来の自分との対話は，子どもたちの自己調律機能を育みます。未来が現在の自分に力を持つということは，人間は過去からも自由であり，自己決定の自由，未来を選択し志向する自由を持っています。

　H子には，Answer の(2)で示した60歳の自分との対話をしてもらってから，(1)の20歳へのタイムマシン・クエスチョンをしました。H子の場合，歳をとることを非常に怖がっていましたので，老人になることは怖いことではないことを，60歳の自分に来てもらうことで確認しました。H子はその年齢になることが自然で円熟していくことだと自分の力で理解しました。

　しかし，H子の年齢では，60歳の自分をありありと描いてもらうのは難しいので，もう少し近い未来のほうが効果的です。それは，必然的な未来時間イメージを描いてもらうことに意味があるからです。H子は中2ですから，18歳ごろでもいいのですが，彼女は遠い未来を展望していたため，20歳前後が妥当だと考えました。

　タイムマシン・クエスチョンによって，H子は「20歳だったら，こういう悩みにはケリがついていて，すっきりした気分でいる」と答え，「すっきりした気分で，どんなことをしているの？」と尋ねると，しばらく考えて「絵を描いている！」と答え，みるみる表情が明るくなりました。すると「冬休みに何をすればいいかがわかりました！」と言って，好きな絵を描いて年賀状に使うこと，小説を少し書いてみることなどを次々に語りだしました。するべきことでも，やりたい

ポイント

〈未来時間イメージの3水準〉
a) 義務「〜べきだ」
b) 願望「〜ならいいのに」
c) 必然的未来進行「きっとこうなっているだろう」
　　　↓
タイムマシン・クエスチョンは，c) を描くことが目的

けど無理そうなことでもなく，冬休みにすること，つまりしているにちがいないことを生き生きと話したのです。筆者はＨ子の60歳や20歳の未来を扱っていたはずでしたが，彼女は一人で明日や１週間後の未来に戻ってきていて，自分がどうすればいいかを自分で見つけたのでした。

　タイムマシン・クエスチョンで描かれた必然的進行の未来時間イメージは，子どもたちに自分がどこに歩んでいったらいいかを知らせてくれ，目標，意思，やる気などをもたらします。また未来の自分からのアドバイスは，自己調律機能が発揮され，自己治癒力を活性化させます。「人はみな自分の人生の専門家である」「人はみな解決の力を自分自身が持っている」「人はみな自己実現傾向を持っている」。これらの言葉は，カウンセリングにおいて前提とされる姿勢ですが，私たちが過去や現在にとらわれるのではなく，未来に目を向け未来からの力を使うことによって初めて，これらの姿勢が単なる楽観主義ではないと実感できます。まして子どもたちにとって，未来は大人以上に意味を持ちます。これらの言葉は，大人以上に子どもたちに当てはまるものです。子どもたちに向かい合う先生や保護者は，これらの姿勢を前提にしなければなりません。この前提をもたずに，子どもたちが成長しない，変わらないと言う資格はありません。

Ｈ子は，「義務」や「願望」の未来しかイメージしていなかったため，自発性や意欲が出てこなかった
↓
「必然的進行」の未来時間イメージが，Ｈ子を活性化させた

未来の力を活かす
↓
「人はみな自分の人生の専門家である」
「人はみな解決の力を自分自身が持っている」
「人はみな自己実現傾向を持っている」
↓
カウンセリングにおける前提
↓
子どもたちへ向き合うときの前提

Homework

- 今晩眠っている間に奇跡が起こって，自分の問題がすべて解決したとしたら，明日の朝，目覚めてからどんな一日になるでしょうか？

3rd Stage

Lesson 9
ミラクル・クエスチョン

今回は，仮に問題が解決したとしたら，どんな一日になるのかを描くことが，方法論や原因の探索よりも，解決に直接つながることを学びます。

Introduction

　3rd Stageでは，未来を担う子どもたちへの教育援助において，「未来志向アプローチ」が重要であることを示してきました。ここで何より求められることは，指導・援助者の側が未来を志向する視点と姿勢を持つことです。それから，未来像や解決像を描くための質問を使いこなせるようになることです。各Lessonでは，その実際的なアプローチを学べるようにしています。

　まずLesson 7，8では，未来時間イメージをテーマにしました。「未来」（未来像，未来時間イメージ）が，子どもたちの変化・成長に大きな力を持つこと，つまり「未来」をありありと描き，あるいは「未来」と交信することが，彼ら自身に力を与えることを，事例を通してお伝えしました。私たちは，子どもたちに新たな未来像をもたらす出会いを提供する使命を負っています。このことを，いま一度確認したいと思います。

　私たちは毎日が物理的には変わらずに訪れると思っています。しかし，入学式，結婚式，誕生日，元旦，などを迎えるときには，その前の日の晩に眠りにつき，一夜が明けて目覚めたとき，もう昨日までとは明らかに異なる一日が始まったと紛れもなく感じるものです。一晩のうちに，自分を取り巻く状況がすっかり変わってしまうなんて，考えてみればとても不思議なことです。こんなふうに一晩のうちにまるで奇跡が起きたかのように昨日までと何か違った一日

が訪れることもあるかもしれません。Lesson 9では，明日が，皆さま一人ひとりにとってより良い日となって訪れるよう祈りを込めて，解決に対してマジカルとも思えるパワーを持つ「ミラクル・クエスチョン」をご紹介します。

Case

エッチな友だちから離れられない小3のI子

小学3年生のI子は，喘息持ちで気弱なところがあり，いつも決まった友人と過ごしていた。その友人が，I子と2人になると，「お尻を出しな」など，ふざけてエッチなことを言ったり，やったりするようになった。友人は，大人からいたずらを受けたことをI子にほのめかしたが，I子の反応を面白がる目的のようでもあり，その真偽は明らかではない。友人の親は何も気づいていない。そのような状態が何か月も続いたため，I子は母親に打ち明けた。潔癖主義の母親は動揺し，その友人と離れるようにI子を叱った。しかし，I子は，彼女と離れたら一人ぼっちになってしまうという。I子も母親も，担任（男性）のことが苦手で，話しても理解されないと感じている。教育相談所では，母親の反応が大げさであり，学校に相談するようにと，取り合われなかった。

Question & Work

母親や関係者への対応は別に行うものとして，直接I子と面接するとしたら，どんな話し合いや質問をすることが，問題解決のために有効でしょうか？

___

___

___

> **ここで一句**
>
> **ミラクルQ　問題解決　どんな一日？**
>
> 奇跡が起こって問題が解決した後の一日って一体何が違っているのでしょうか？

Answer

！かかわり方のヒント！ 指導援助をするとき，教師側の判断・意見を伝えたり，教えることが一般的ですが，まず，本人が何に困り，どうしたいと思っているのかを質問し，何を話し合うのがいいかを，確認する作業が必要です。

I子と面接するとしたら，どんな話し合いや質問をすることが，問題解決のために有効でしょうか？

(1)第1ステップ

筆者は「I子が困っていることは何か？」「I子はどうしたいのか？」「I子はどうなるのがいいと思っているのか？」について尋ねます。

それ以前に「今日は，ここでどんなことが話し合われたらいいと思う？」，あるいは「今日ここで話をして，部屋を出るときに『ああ良かった』と思って帰るとしたら，どんなことが話せればいいかな？」と質問して，最初に相手のニーズを確認することも大切です。この確認は，援助を有効にするための基本です。

I子は，困っていることは，気の合う大切な友人が，「変なことをすること」だと答えました。しかし，I子は，その友人と離れたいのではなく，友人が「変なこと」をしなくなり，今までどおり仲良くやれればいいと述べました（I子の考えは，友人と離れるように言う母親の意見とは異なっていました）。筆者は「そのためにどんなことが役に立ちそうかな？」と聞きましたが，彼女は，首をかしげるだけでした。

(2)第2ステップ

筆者は次のような質問をしました。「今晩I子ちゃんが眠っている間に，天使がやってきて，I子ちゃん

アドバイス

- 「I子が困っていることは何か？」
   →本人の問題認識を聞く
- 「I子はどうしたいのか？」
   →本人のゴールを聞く
- 「ここでどんなことが話し合われたら良いと思うか？」
   →本人のニーズを聞く
   ↓
こちらが判断するのではなく，本人に聞く

に魔法の金の粉をパラパラと振りまいたとするのね……そして奇跡が起こって，その困ったことが，みんな解決してしまったとするのね。翌日目が覚めたら，Ｉ子ちゃんは，どんなことになっているかな？　何が今までと違っているかな？」。

　Ｉ子は描画が好きだというので，筆者は画用紙にクレヨンで線を引いて，４分割し，４コマ漫画の要領で，上記の質問（ミラクル・クエスチョン）を行いました。まず，①１コマ目に，Ｉ子に自分の「困っている情景」を描いてもらう。②２コマ目に，筆者が，布団に眠っているＩ子に，天使が奇跡の金の粉を降らせる光景を描く。③３コマ目に，筆者が，翌日の朝，Ｉ子が目を覚ます絵を描く。④４コマ目に，「奇跡とかによって問題が解決した後，どんな状態になっているか？」を，Ｉ子に描いてもらう。

　Ｉ子は，１コマ目には，友人が「ウンコ，ションベン」と言って，Ｉ子を困らせている絵を描き，４コマ目には，Ｉ子が友人に「ウンコとか言うのは，気持ち悪いよね」とはっきり言い，友人も「そうね」と答えている絵を描き，「それから友人は，変なことを言ったりやったりしなくなった」と書き添えました。

　友人の「変なこと」をやめさせる方法論を意見するのではなく，ミラクルＱ（クエスチョン）を使って解決後の状態を問うことで，解決の姿とはどういうものかをＩ子なりに考え，それを描いてくれたのです。

ミラクルＱ
↓
問題の堂々巡りから抜け，解決している状態をありありと描くために有効
↓
・絵に描く
・ビデオ・トークする

〈ミラクルＱ・４コマ描画の例〉

・人は皆，自分自身で解決の状態を創る力を持っている

Key Point
- 言って聞かせるよりも，本人に質問すること
- 「困っていることは？」「ここで何が話し合われたら良いか？」「どうなればいいか？」，本人の問題認識やニーズ，ゴールを聞く
- ミラクルＱで，解決した状態（解決像）を創り上げる。解決のための方法論はそこからおのずと出てくる

Exercise

　子どもたちに，ミラクルQをすることで，子どもたち自身が，一気に解決の状態まで到達してしまった事例は，筆者だけでなく，現場の先生方からも，数限りなく報告されています。たとえば，水恐怖で一度もプールに入れなかった小学3年生の男の子に，養護教諭がミラクルQをしたところ，自分がプールに入って楽しく遊んでいる様子が語られ，なんと翌日から彼は自分でプールに入ることができたのです。

　こんな例もあります。あるチック症状を持っていた女子高校生は，チックのせいでいじめられ，チックのために勉強がはかどらないと，訴えていました。筆者は，彼女にミラクルQをしたわけですが，当然彼女は，もしチックという問題がなくなれば，勉強にも充実して取り組んでいると語るものと思っていました。ところが彼女は，違う解決像を描き出したのです。彼女の問題はチックではなく，何でもチックのせいにしてしまう自分の姿勢にあり，言い訳をせずに自分に責任を持って行動している自分が，本当の解決像であることに気づいたと語ったのです。そして改めて，自分の生き方や進路を考え直し，その姿勢は積極的で前向きなものとなっていきました。

　さて，Lesson 8のHomeworkで質問したことは，ここで扱っているミラクルQでした。皆さまはどんな奇跡が起こった翌日を描いたでしょうか？

〈PART Ⅰ〉

　「今晩，あなたが眠りについた後に，奇跡が起こって，いま抱えていらっしゃる（あるいは今日ここへご相談にこられた）問題が解決したと考えてみてください。でもあなたは眠っていますから，奇跡が起こって問題が解決したことは，明日の朝，あなたが目を覚ますまでわからないわけです。そこで明日になったらどんなことから問題が解決したことがわかるのでしょうか？　どんなふうに様子が違っているでしょうか？」（ビデオを視るように，ありありと描写〔ビデオ・トーク〕してください）。

Lesson 9●ミラクル・クエスチョン

A．この質問を自分自身にして，その一日を書いてみてください。

_____
_____
_____

B．職員研修などで，このミラクルQをお互いにやってみましょう。

　①２人組を作り，相互にこの質問をして，答え合います。静かな落ち着いた雰囲気で質問し，じっくりとイメージを広げてビデオ・トークができるように手伝いながら，一日の様子を描いていきます。

　「いつ何から気づきますか？」「朝目覚めたとき？　何時ごろ目覚めるのでしょう？　時間が違いますか？　それとも目覚め方ですか？」「次に何をしていますか？」「いつもとどんなふうに違いますか？」「そのときは周りに誰がいますか？　周りの人は何から違いに気づくでしょうか？」「もしあなたがそうなったら，周りの人の対応はどう違うでしょうか？」「それから？　他には？」

　②双方が語り終えたら，感想を述べ合います。

　③全体でフィードバックし合います。

〈PART Ⅱ〉

　学級（家庭）で，子どもたちともやってみましょう。

A．集団ミラクルQを学級で行います。個人の問題ではなく，学級全体の現実の問題を使って，ミラクルQをし，子どもたちに奇跡が起こった翌日の学級はどんな学級になり，どんな一日になるのかを，絵や文章にしてもらい，みんなで発表し合います（これは，驚くほど効果があります）。

B．子どもとの面接のなかで，Answerで筆者がⅠ子に行ったように，画用紙を４分割にして，４コマ漫画の要領で，ミラクルQを行い，絵や文章に表現してもらいます。それを話し合いの材料にします。

Lecture

☞ふりかえってみよう☞　ミラクルQは，問題がどうやったらなくなるか（方法）ではなく，問題がなくなっていたら，どんなふうになっているか，解決像（状態）をダイレクトに描いてもらう質問です。

　Ｉ子は，「友人が変なことをしなくなる」方法について，最初は答えられませんでした。しかし，ミラクルＱをされた後では，自分から友人に，ウンコなどの言葉は「気持ち悪いから嫌だ」とはっきり言い，友人もそれを理解して，その後は言わなくなることが描かれました。Ｉ子は，ミラクルＱを経ることによって初めて，自らの解決像を描くことができたのです。

　実際，母親からのその後の報告によれば，その友人は変なことをしてこなくなり，Ｉ子はその友人と以前のように仲良くしているとのこと。どうしてこんな奇跡のような（？）ことが起こるのでしょうか。もちろん，奇跡ではなく，Ｉ子が自らの力で解決させたのです。そこにはＩ子自身の自己変容（新たなコーピング・スキルの獲得，実践など）が生じているのです。

　なぜ友人は変なことをするのか？　Ｉ子は嫌だと言うべきである。なぜＩ子は言い返せないのか？　Ｉ子が嫌だと言えるには，どうすればいいのか？……

　ミラクルＱは，このような議論を全部飛ばして（問題は寝ている間に奇跡が解決する），問題がない解決した状態はどうなっているのかを描いてもらうものです。

　私たちが手に入れたいのは，問題から自由になり，自分らしくより良くやれている状態です。方法はその状態をもたらすための手段にすぎません。方法（やり

ポイント

〈"良い目標"を作るための３条件〉
a) 否定形でなく，肯定形で語られること
b) 抽象的でなく，具体的な行動で示されること
c) 大きなことでなく，小さなこと

↓

ミラクルＱにより，Ｉ子は"良い目標"（そうなると良い状態）を描くことができた

↓

"良い目標"は，実践可能であり，成功体験をもたらす

↓

自己変容，コーピング・スキルの獲得

↓

「生きる力」

方）について議論することと，ある状態になることとは，異なります。たとえば，幸せという状態になるには，いろいろな方法があります。勉強する，努力するという方法もあれば，友だちを増やす，人を好きになるというやり方もあるし，のんびりする，がんばらないという方法もあるかもしれません。しかし，その人にとって，どんな状態が幸せなのかがわからなければ，幸せにはなれないでしょう。つまり，ここでは幸せになる方法ではなくて，幸せとはこういう状態だというものを描いてもらう作業をしているわけです。この作業を有効に行うための道具が，ミラクルQです。

　問題がなくなったら，どんな状態になっているのか（解決像）を描いてもらうことは，Lesson 7, 8で扱ったタイムマシンQ同様，必然的進行の未来時間イメージを扱っているものです。自分がどうなっていればいいのかがわかれば，その状態をもたらすことは容易になります。ただし，その人にとっての解決の状態が何であるかは，本人に問うてみなければ，わからないものです。それはたとえ子どもであっても同じです。自分自身で解決像を描くことにより，目標，意思，やる気などが生まれます。「人はみな自分の人生の専門家である」ことを尊重して初めて，子どもの問題解決能力が育成されるのです。

・方法ではなく，状態を手に入れること
↓
ミラクルQが有効

〈未来時間イメージの3水準〉

a) 義務「〜べきだ」
b) 願望「〜ならいいのに」
c) 必然的未来進行「きっとこうなっているだろう」
↓
ミラクルQは，タイムマシンQと同様，c)を描くことが目的

Homework

- 都合が良い日を1〜2日選んで，ミラクルQ（Exercise の Part Ⅰ）で描いた一日を，あたかも奇跡が起こったかのように実際に振る舞ってみてください（俳優になった気持ちで！）

3rd Stage

Lesson 10
分身の術

今回は，自分に役に立つ分身（もう一人の自分）がいるとしたら，普段の自分とはどう違うのかを描き，その分身を使うことを学びます。

Introduction

　20世紀100年間の科学のめざましい発展を目のあたりにすると，21世紀における私たちの生活がどうなるのか予測がつきません。高性能ロボット，遺伝子組み替え，クローン人間など人間を模倣した存在，あるいは人造人間が，SF映画のように，数多く存在するようになるのでしょうか。一方で，私たち人間は，「自分とは何者なのか？」を問い続けています。現代文明の進歩に反比例して，「自己喪失」は広がり，そこからくる無気力や無感動，心身の不調が問題になっています。「自分探し」は，今後ますます重要視されるテーマかもしれません。コピー人間の数が増え，「自分とは何か」の答えはますます出ず，混迷，硬直の度合いが増すことも予想されます。また「本当の自分」を，たとえば自分が一色であることだと考えるなら，それも結果的にはワンパターンです。現代社会は多様であるのに，私たちはワンパターンで生きる誘惑や罠にさらされています。それは子どもたちへも波及しています。しかし，成長や自立は，ワンパターンからはもたらされません。それらはむしろ，ワンパターンではないこと，つまり人間の幅を広げ臨機応変な対処能力を身につけること，換言すればいろいろな自分になれることからもたらされるのです。

　本来子どもたちは，いつの時代にも，いろいろな自分になること，つまり変身ものやごっこ遊びが大好きで，正義の味方やヒーロー，ときには悪党になる

など，さまざまな役や立場になりきって遊び成長します。

変身好きで柔軟な子どもたちの力を活かさない手はありません。Lesson 10では，Lesson 9のミラクル・クエスチョンのバリエーションとして，ワンパターンから抜け出し，適応／対処能力の幅をもたらしてくれる，パワフルな分身の術(!?)をご紹介します。

Case

「違うよ！」と言えない，不登校の中2のJ子

中学2年生のJ子は，6月下旬の朝「気持ちが悪い」と欠席して以来，夏休みが明けても不登校が続いた。J子は，愚痴などを決して言わず，素直で何事に対してもコツコツまじめにやるタイプであった。練習の厳しい部活動に所属し，勉強にも努力し，成績は中位だった。J子は，教師や友人らから，地味，やさしい，おとなしいと評されていた。

級友らは，担任の点数重視の指導に不満を持っていたが，面倒くさいことになりたくないから，ハイハイと要領よくやっていた。J子は，そんな担任や級友らと話すのも嫌だったが，いろいろな場面で「違うよ！」「私はそう思わない」と反対意見も言えなかった。

Question & Work

ミラクル・クエスチョン(Lesson9)を応用して，（今まで発見されていなかった）J子の新たな側面を育て発揮するために，有効な質問を考えてください。

_____

_____

_____

> **ここで一句** 分身の術　花子1号　新たな自分
> 自分の中に潜在しているもう一人の自分に活躍の場を与えましょう。

Answer

！かかわり方のヒント！ 　成長途上の子どもは，長所・短所が表裏一体です。今まで良いとされてきた特徴が，あるとき本人にとって邪魔なもの，不自由なものとなり，葛藤を起こすことがあります。でもこれは，成長の兆しなのです。

　ミラクルQを応用して，J子の新たな側面を育て発揮するために，有効な質問を考えてください

　J子がうまくやれるようになるためには，新たな側面（従来のJ子のパターンとは異なるキャラクター）が引き出され，育ち，それを使えるようになる必要があります。ここでは，そのための援助が目的です。

(1)第1ステップ

　J子は，「まだ学校には行きたくない」気持ちがある反面で，「行かなきゃいけない」という思いも強く，「ふん切りがつかない」と苦しそうに話し，「何でも一生懸命やっちゃう，嫌なことも嫌だと言えない自分が不自由」と語りました。

　そこで，筆者は，J子に「どういう自分になっていればいいのかな？」と問うと，J子は「行こうと決めたら，行ける」あるいは「嫌なことは嫌だから，仕方がない」と，「割り切れる人」になれたらいい，と答えました。筆者は「何でも一生懸命やるのは，それはそれでJ子の売りだよ。それはJ子の大切な面として大事にしなくてはね，なくしてはダメだよ」と，まずJ子の売りを確認し，評価しました。

(2)第2ステップ

　筆者は，J子に「J子の売りは売りとして良いとしても，それだけではまだ不自由だと感じているのね。

アドバイス

・葛藤は成長の兆し

・長所と短所は
　表裏一体

こちらが判断するのではなく，本人に聞く
　↓
「どういう自分になっていればいいの？」

・子どもの売りを確認し，認める

・今の自分を認めた上で，新たなバージョンを加える発想

J子自身に、他にもいろいろなバージョンがあると良いよね」と述べ、その後で、（ミラクルQを応用して）次のように質問しました。

「奇跡の金の粉がパラパラとJ子に振りかかって、自分の思い通りになるもう一人の自分ができたと考えてみてね。たとえばJ子1号とか、J子2号というようなサイボーグや分身と考えたらわかりやすいかな。たとえばもし、J子1号が存在するとしたら、J子1号はどんなキャラクターで、どんな一日を過ごすのか、また、どんなふうに彼女が活躍するのかについて、考えてみてくれる？」

J子は、「J子1号は、割り切れる人」と答え、「友人から何か頼まれても、嫌なときはただ『嫌だよ』と答えて、終わり。後で、どう思われたかを気にすることもなく、かといって友人の悪口も言わない。周りの人のことを『人のことだ！　別にいいや』と思え、授業は聞いてないような態度でいても実は聞いているとか、ノートを必死に取らないで教科書を見ていればわかるって態度でいるとか、先生から頼まれごとをされたら、要領よくハイって答えるけど、心のなかではしっかり文句言っているとか、そんな感じで何に対しても『まぁ、いいか！』って、気楽に考えている」と、J子1号について語りました。そして、「とくにこのJ子1号は、嫌いな子に対して出す」と、J子1号を使う場面を教えてくれました。

<分身クエスチョンの流れと働き（I）>
a) 今の自分を肯定する（売りを認める）
↓
b) 分身クエスチョン（分身や自分1号を具体的に描く）
↓
c) 持ち駒が増える（自分に必要な他の新たな側面が加わる）
↓
d) 分身を、どこでどう使うか？（新たな側面の運用のシミュレーション）

Key Point
- 子どもの葛藤は、成長の兆し。新たな側面が芽を出し始めている
- 「奇跡が起こって、自分に役に立つ分身がいたら、どんなキャラクターで、どんな活躍をするのかな？」
- 分身Qによって、子どもに必要な新たな側面が引き出される

Exercise

　Lesson 9の Homework は，「都合が良い日を1～2日選んで，ミラクルQで描いた一日を，あたかも奇跡が起こったかのように実際に振る舞ってみてください（俳優になった気持ちで！）」でした。この Homework を実行した方は，そのように行動してみて，ご自身やご家族がどのようになったでしょうか？　他の人たちはどんな反応をしたでしょうか？

　これは，「プリテンド・ミラクル・ハプンド（奇跡が起こったかのように振る舞うこと）」と呼ばれる介入課題／技法です。ミラクルQによって，解決の状況が具体的で現実的に語られ，クライエントに解決に向かって行動しようという構えがあるときには，非常に有効なものです。

〈PART Ⅰ〉
A.「プリテンド・ミラクル・ハプンド」を，ぜひ体験してください。Lesson 9の Exercise〈PART Ⅰ〉をもう一度開いてみてください。奇跡が起こった翌日が，具体的・現実的な行動の形で描けているかを確認し，不十分であれば，もう一度その一日を具体的にじっくり書いてみましょう。さてそれでは……「あなたにとって都合がよい日を2日選んでください。その日は，奇跡が起こったというつもりになって，解決した後のように振る舞ってみてください。そうやって行動してみて，あなた自身やご家族がどのようになるのか，そして他の人たちがどんな反応をするのかに注意を払ってほしいのです。この課題は，ご家族や他の人たちには秘密にしてやってください」。

B. さて，「プリテンド・ミラクル・ハプンド」を実際にやってみて，いかがでしたか？　気づいたことや感想があれば，書いてみてください。

〈PART Ⅱ〉
　さて，次は「分身の術」です。学級や家庭で，子どもたちに，あるいは自分自身で，やってみましょう。これは，とくに子どもに驚くほど効果がありま

す。
A.「奇跡が起こって,自分に役に立つもう一人の自分,または自分1号,2号という異なったキャラクターの分身ができたとします。この分身は,どんなキャラクターで,どんな一日を過ごし,どのように活躍するのかについて,描いて(書いて)みてください(花子1号などの愛称をつけると効果的)」。
B.「都合がよい日を2日選んで,その分身(たとえば花子1号)になりきって,一日を過ごしてみてください。そうやって行動してみて,自分自身や家族がどのようになるのか,そして他の人たちがどんな反応をするのかに注意を払ってみてください。これは,家族や他の人たちには秘密にしてやること」。

　「自分とは何か」と考えるとき,自分が何か一つの色でなければならないと一般に考えられがちです。桃色には桃色の良さがあっても,成長のなかで緑が重要になった場合,何か一つの色でなければならないなら,桃色を捨てて,自分は緑にならなければなりません。今度は緑の良さは発揮できても,桃色でやれていたことはできなくなります。これでは使える色は,常にワンパターンということになり,成長とは呼べません。成長とは,今持っている自分の色を確認しながら,より多くの色が使えるようになることだと考えます。「あれか,これか」ではなく,「あれも,これも」であり,言い換えれば,人間の幅を広げ,臨機応変な適応/対処能力を身につけることです。
　筆者は,後輩の指導で,この「分身の術」をよく利用します。たとえば,受容的でやさしいカウンセラーであっても,ときには厳しい言葉で毅然と対応しなければなりません。しかし,ある後輩はそれが苦手でした。そこで分身クエスチョンをすると,後輩は厳しいキャラクターの分身と,その分身の活躍をイメージしました。分身に愛称をつけ,「このときは,洋子1号を出動させなさい」と指導しました。慣れてくると,本人から,「今日はいいところで,洋子1号が活躍してくれました(笑)」と報告されるようになりました。

Lecture

☞ふりかえってみよう☞ 分身クエスチョンにより，自分の分身とその活躍を描き，分身を使えるようにすることは，自身のより良い未来に必要な新たな側面（従来とは異なるキャラクター）を引き出し，身につけることに役立ちます。

Answerでのやり取りの後，筆者はJ子に「J子1号だったら，きっとこうなっている」という，その活躍の一日について物語のように書くことを，宿題として提案しました。次に，筆者は「これからどうするか」「そのために何が役に立つか」について，J子と作戦会議を行いました。J子は，分身Q以前の面接では，「何でも一生懸命やってきたのに，なぜ気持ちが悪くなって学校に行けないのかがわからない」と，困惑していました。しかし，J子1号が話題に登場してからは，J子は「J子1号の使い方！だよね」と述べ，それを考えればいいことをはっきりさせました。学校に行くときのことについて，J子と話し合うと，J子は，一つは，試用期間を設けてJ子1号を実験的に試してみること，もう一つは，がんばった自分へのご褒美を事前に（家族や筆者，養護教諭などと）計画して，それを楽しみにすること，この2本立てでやったら良さそうだ，と言い出しました。J子1号をいつから使用し始めるかについては，実験だからとにかくはっきり決めようということで，数日後の文化祭からの使用が話し合われました。筆者は，「試用開始時期はあくまで予定。もちろん実験だから，うまくいかなかったという結果もあっていいわけだし，とにかく試用期間だからね，実験してみないと，J子1号の調子

ポイント

・分身1号なら，きっとこうなっている，という活躍の物語を書く

・作戦会議は，以下のことを本人に問いながら，進める
a)「これからどうなっていくといいか」（方向性）
b)「そのために何が役に立つか」（方略）

・チャレンジに対しては，ご褒美を

をどう調整すればいいかについてもわからないものね」と伝えました。

ほぼ1週間後の面接で，J子は，文化祭にはまだ調整が間に合わず行かなかったが，翌週の月曜から行こうと思う，ときっぱり語りました。筆者が，「J子の休んだ期間は，それまで何でも一生懸命やってきたから，有給休暇を取ったんだよね」と話すと，J子は，有給休暇というたとえがとても気に入ったと述べ，「この有給休暇から得たことは，まず何よりも，J子1号が見つかったこと！　行けるかもしれない，という良い感じが強くなった。一日行ければ，後は大丈夫だと思う」と語りました。

ご褒美のほうは，J子1号試用開始記念祝賀お茶会（ケーキと紅茶で，J子のチャレンジを，内輪のメンバーでお祝いする）の開催とし，J子1号試用開始後，場所は相談室でと，取り決めました。

J子は，自分の予言通り，翌週から段階的に登校を開始しました。祝賀お茶会も，楽しく催されました。約4か月ぶりの登校のため，休む日や保健室利用を交え，一歩一歩進みました。J子は，オリジナルJ子とJ子1号をどう使うか，そして自分に適した楽なやり方について，実験・観察を繰り返しました。

今はもうJ子は，高校生です。自分に合った高校を選び，毎日元気に通っています。

〈分身クエスチョンの運用〉
a) 分身クエスチョン
　＝ミラクルQの応用
b) 分身1号を使う
　（試用期間，実験，観察という発想）
　＝プリテンド・ミラクル・ハプンドの課題（Exercise参照）

・不登校は，有給休暇の期間ととらえる

c) 分身を，いつどこでどう使うか？（新たな側面の運用のシミュレーション）
　↓
d) 多様な状況への対応能力の増進（生きる力の育成）

Homework

- Lesson 7〜10で取り上げた未来志向アプローチ（タイムマシンQ，ミラクルQ，分身Qなど）をヒントに，心理教育プログラムを考えてみてください（例：性教育，進路指導など）

3rd Stage

Lesson 11
心理教育プログラムに未来を活かす

今回は,「未来時間イメージ」を扱うことで,子どもたちの心の発達成長を促進させる心理教育プログラムを考えます。

Introduction

「未来」という言葉を聞いて何が思い浮かびますか? 希望,明るさ,喜び,楽しさ……など。「未来」からは,光ある開かれた明るいイメージが思い浮かぶことでしょう。大切なことは,「既成の発想にとらわれず,役に立つことを発見していくこと」であるとともに,もう一つ,「楽しんでやること!」です。3rd Stage, Lesson 7〜10までを学んでいただいておわかりのように,未来はやってくるのではなくて,こちらから創っていくものです。未来を内包している子どもたちへの指導援助は,明るく楽しく工夫して行うことが大前提です。そして,「リソースは何だろう?」「少しでもうまくいっていることは何だろう?」って,いつでも発想してください。

フランスのストラスブルグ大学の校門には,ルイ・アラゴンの詩が掲げてあって,そこには「教えるとは希望を語ること。学ぶとは誠実を胸に刻むこと」と書いてあるそうです。この言葉は,今の教育に忘れられがちなこと——教師がどれだけ希望を語っているか——を問うています。さらに,もし私たち大人が子どもから学ぶ立場にあるとしたら,——カウンセリングの基本姿勢は,クライエントから学ぶことでもあります(このことは本書全体の通奏低音です)——大人はどれほど子どもに対して誠実に向き合い,子どもに希望や未来を語ってもらっているでしょうか。

Lesson 11●心理教育プログラムに未来を活かす

　Lesson 11は，現場の先生方の実践から，筆者が皆さまとともに学びます。ここまで4回にわたり展開した「未来志向アプローチ」の締めくくりとして，現場の先生方から寄せられた工夫に満ちた実践（心理教育プログラム）をお届けします。

Case

性的話題で傷つけ合う言動が増えた小5のK学級

　小学5年生のK学級では，一部の早熟な児童を中心に，月経や発毛などについて，異性を傷つけ合うようなふざけた言動が増えていた。最近の子どもたちは，生命への畏敬の念や，人への思いやりが薄れていることも問題視されている。このような背景のなか，児童に，性のテーマを自分自身のこととして真剣に受け止めてもらい，それにより，命の大切さ，成長していく自分への肯定感，異性への尊敬などを育むことをねらいとした性教育の取り組みをしたい（従来から，小学5年生全体に対し，性教育は全3時間の枠が確保されている）。

Question & Work

　児童参加型の新たな性教育授業を，どのように展開したらいいでしょうか？（「未来時間イメージ（Lesson 7, 8参照）」を扱う質問を応用してください）

ここで一句　問うてみて　自分で創る　未来時間
未来は想像するものではなく，自分で創造するもの。

Answer

！かかわり方のヒント！ 必然的進行の未来時間イメージを描いてもらうことは，子どもの心理的発達において大切な意味を持つことを，今まで学んできました。これを心理教育プログラムのなかで活かします。

Lesson 7, 8の「未来時間イメージ」の発想にヒントを得て，養護教諭のⅠ先生は，「タイムマシン機能付きどこでもドア」を，性教育授業に持ち込むことを思いつきました。

〈K小学校5年生　性教育　全3時間〉
テーマ：自分の歴史をたどって

【1時間目】
① 〈現在の自分を一言で言うと？〉
「11歳の私は＿＿＿で＿＿＿です」
〈小学校入学のころの自分を一言で言うと？〉
「小学校入学のころの私は＿＿＿で＿＿＿でした」
〈生まれたころの自分を一言で言うと？〉
「生まれたころの私は＿＿＿で＿＿＿でした」
（このようにだんだんと遡って自分をたどっていく）
② 〈じゃあ，生まれる前はみんな何をしてたの？〉
胎児の写真を見ていき，受精卵→卵子と精子にたどりつき，精子，射精について学習。

【2時間目】
前時の復習をした後に，卵子，排卵，月経の学習。

【3時間目】
これから訪れる未来について
① 〈目に見えるどんな身体の変化があるのかな？〉
発毛，胸が膨らむなど身体の変化について学習。

アドバイス

未来をありありと見るために有効な質問
↓
・タイムマシン・クエスチョンやどこでもドア
↓
〈仕掛け①〉（導入）
子ども自身が主人公になって，体験できる仕掛けが重要。各自が自分を表現できるような導入にする

・生まれる前の自分（胎児など）になってみる
↓
〈ゲシュタルト療法の手法〉
自分がそれ（その立場）になって，体験し，気持ちを感じる手法
（→ロールプレイと類似した手法）

裸の男女の絵に，髭や体毛，胸の膨らみなどを描く。
② 〈身体だけではなく，心も成長していくんだよ〉
　心の成長についての話。
③ 〈じゃあ，見てこようか？〉
　(a) ドラえもんのぬいぐるみと，「どこでもドア」（先生方の手作り，ダンボール製）を出す。

〈仕掛け②〉（小道具）
子どもたちを異時空間に連れて行くための演出

　(b)「2年後の今日を見てくるよ。慣れないとうまく未来に行けないかもしれないし，タイムマシンに酔うかもしれないから，練習するよ」と，すぐ後の給食の時間に飛んで，戻ってくる。「給食おいしかった？ 今日の献立で何から先に食べた？ 牛乳？ シチュー？」と一通り聞いて，「な〜んだ！ みんな未来旅行うまいね！」と児童をその気にさせる。

〈仕掛け③〉（予行演習）
確実に想像できる近未来を想起する練習。視覚，音，味，匂いなどの感覚を使うと効果的

　(c)「じゃあ本番。今度は2年後の中学生の自分を見に行くよ！」（ドラえもんと「どこでもドア」を小道具にして）児童を未来に誘導し，「さぁ，ドアから未来に飛び出すよ！」と言って送り出す（児童は，背中を押されるようなリアクション）。

〈仕掛け④〉（臨場感）
臨場感を増すための工夫。体感表現が加わると効果的
・どこでもドアで見てきた未来の光景を，文章で表現する

　(d)「は〜い。そろそろ帰るよ。ドアの前に集合！」（児童は，座ったまま足踏みをして集合）
④ 〈2年後の中学生の自分は，どんなふうで，今とどんなところが違っていたかな？〉
　プリントの設問に各自が回答する。
⑤ 各自の回答を紹介し合う。

Key Point
- 開発的心理教育プログラムにおいて，子どもたちの必然的進行の未来像を扱う
- 「タイムマシンQ」や「どこでもドアQ」は，集団施行の場合，仕掛けが大事
- 未来を描く仕掛けは，子どもも教師も，五感と身体を使う

Exercise

　心理教育プログラムには，（性教育だけではなく）さまざまなテーマがあります。心理教育プログラムとは，「心理社会発達学的な課題における成長促進，あるいはそれら問題の発生予防を主眼とした児童・生徒，教職員，あるいは保護者集団への介入プログラム」と定義されます。たとえばガイダンス授業，総合的学習の時間，特別活動行事，教員研修，保護者講演会，自助グループなどが挙げられます。中学・高校生に対しては，予防・啓蒙的なプログラム（たとえば「薬物依存の危険性」など）も大いに必要になりますが，児童期においては，成長促進・開発的プログラムがとくに大切です。本書の各 Exercise において紹介しているものも，心理教育プログラムに位置づけられます。

　子どもたちへの「生き方教育」の視点に立った進路指導の技法の一つとして，埼玉県のＳ教諭らは，「自分史づくり」というものを実践しています。また，栃木県のＪ教諭は，タイムマシンでいろいろな（２年後，５年後，10年後，20年後の）未来の自分を見に行き，それを１枚の画用紙に４分割して絵に描くことから，生き方教育，進路指導へと発展させる取り組みを行っています。２人の先生は直接の知己ではないと思われますが，その実践において，共通点がたくさんあります。近未来から遠い未来まで，未来の自分を絵に表現する点，小グループ（班）に分かれて作業し，分かち合う点です。また，前者は，構成的グループ・エンカウンターを併用して人間関係づくりをし，後者は，自分が未来を見た結果就いていた職種別にロールプレイを行い，お店屋さんごっこの要領で，学級全体が交流して職業体験をするなど，両者とも実際に心身を動かす体験的理解に基づいた取り組みへとつなげています。

　ここでは，この両者の実践をアレンジしたものを，「生き方教育」プログラムとして，ご紹介します（皆さまの知恵をまた筆者に教えてくださいね）。

〈PART Ⅰ〉自分の未来はどうなっているの？
　児童に自分の未来を，遠い未来まで想像して描いてもらいます（①，②の２

つのパターンから，選んでみてください）。

①図1は未来時間を中高生から，老人のころまで大きな幅で考える。

②図2は2年後，5年後……とタイムマシンで年齢を決めて飛んで行く。

〈**PART Ⅱ**〉質問し合おう，考え合おう，体験し合おう

①グループになって，各自が自分の描いた未来を紹介する。

②詳しく知りたい点を質問し合う（質問タイム）。

③それぞれの素敵なところを話し合う（良いとこ探し）。

④自分や友だちの未来について，より良く考え合う（感想・意見交換）。

⑤ロールプレイをする，ふりかえりシートを書くなど，体験的に深め合う。

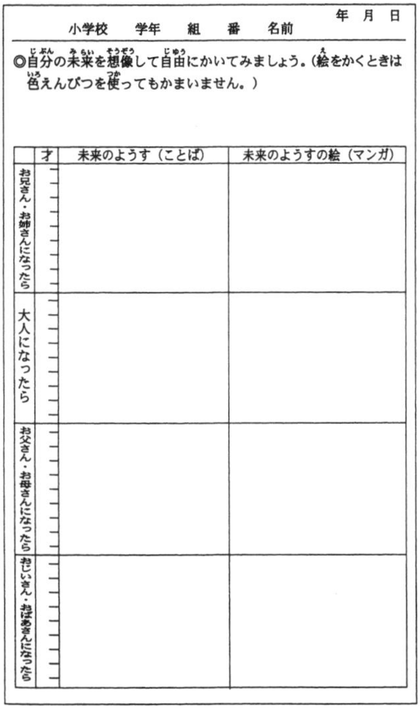

図1

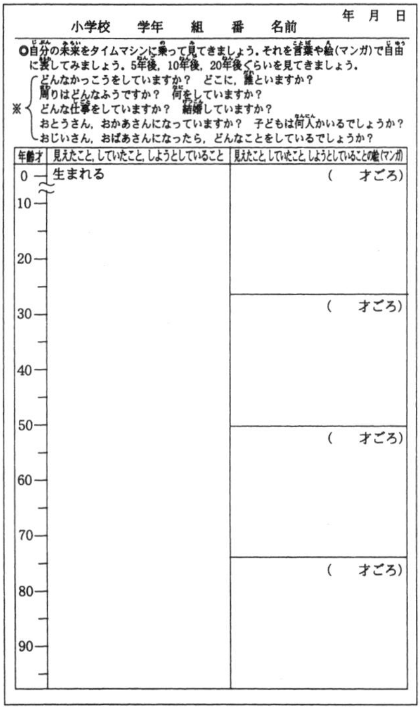

図2

Lecture

☞ふりかえってみよう☞　学級集団のなかで，必然的進行の未来時間イメージを描くためには，五感，体感を活かします。お互いの未来を知ることは，自他の受容および自己理解・他者理解，そして安心，関心・意欲につながります。

　養護教諭のⅠ先生は，児童が自身の未来時間イメージを持つことの意義に気づき，子どもたちが楽しく体験的に展開できる授業(Answer)を開発したのでした。

　授業において，子どもたちは，中学生の自分は，「野球がうまい・周りのことを考えて行動していた・背が伸びていた・大人になっていた」などと，本当に見てきたかのような回答を多く寄せ，また「家に帰って先に宿題をやってから，ゲームをしていた」「自分が予想していたより，中学生になることは大したことではなく安心した」「苦手な友だちに気を遣いながらも話していた」「親父と喧嘩してイライラしていた」など多くの回答を具体的に出しました。とくにクラスで孤立しがちだったある児童が「友だちとの話し方がうまくなっていた」と自分の成長を描く回答をしたことに，Ⅰ先生は驚かされました。このように，児童それぞれへの成長促進的な要因が多く見出され，Ⅰ先生は，児童が未来の自分をありありと見ることで，身体の成長や心の変化を自分のこととして受け止めることができたのではないかと語りました。

　小学5年生は，個人差はあれ，まもなく訪れる第二次性徴への大切な準備期です。しかし，さまざまな性情報がマスメディアを通じて，早期から子どもたちに届いていること，そしてそれが必ずしも適切な情報で

ポイント

「未来へのどこでもドア」を使った性教育のプロセス
↓
（必然的進行の未来時間イメージ）
心身が変化した中学生の自分の姿を見る
↓
（自己受容，自己理解）
性差が現れ，心身が変化する成長過程を体験学習
↓
（他者理解，他者受容）
各自に，個人差・男女差がある
↓
（安心）
他者との共通点・相違点を学級で話し合う
↓
（関心）
思いやりの発現，未来への肯定的態度

はないこと，性のテーマは生命の尊さを学ぶ重要な機会を提供することなど，現代社会に育つ子どもたちへの性教育は，ますます重要になってきています。子どもたちにとって，性教育は興味本位な情報ではなく，自分自身のルーツ，そして成長して未来に生きていく自分自身のこととしてとらえ，考えられる授業であるべきです。そうできれば，先述のある児童のように，誰の命も皆かけがえのないことを再認識し，成長した自分の姿から勇気を与えられることにもなるのです。

　ここで児童らに体験してほしいのは，自分自身が「きっとそうなっていくだろう」という（第二次性徴を経験し男女の個性を持って成長していく）必然的進行の未来時間のイメージです。自分自身の未来が，子どもたちを成長させる大きな原動力であり，自分を何よりも力づけ，自発性や意欲を生み出します。児童らへの成長促進的ねらいを持つ心理教育プログラムでは，未来時間が一層活かされる意義があるわけです。

　この授業では，未来だけでなく，両親からもたらされた精子・卵子から始まる自分の過去へも遡りました。子どもたちの過去を扱う場合，どんな場合であっても，かけがえのない大切なものとして，意味づけられることが重要です。どんな過去も決してやっかいなものとしておとしめてはいけません。

↓
（学級風土の安定）
学級の安定・学習理解

↓
（自発性・動機づけ）
将来につながる努力，現在の充実

↓
（達成感・自信）
友だちとの交流，課題取り組みの活性化

より良い成長発達
・過去を扱う場合，
a）かけがえのない，大切なものとして意味づける
b）やっかいものとして扱わない

Homework

- 皆さんのなかに飼っているさまざまな「虫」を観察して見つけておいてください〔泣き虫，弱虫，かんしゃく虫，野球の虫，自己虫（じこちゅう？）（笑）などなど……〕

【謝辞】神奈川県の岩佐久美子教諭，埼玉県の鈴木教夫教諭，栃木県の庄司秀樹教諭に対し，貴重な実践をご紹介いただきましたことを，深く感謝申し上げます。

Column 3　CAP（子どもが暴力から自分を守るための教育プログラム）

　北米の学校教育では，子どもたちが，自分の可能性を最大限に伸ばし自己を確立して社会生活できるようになるためのスキルを獲得することを目的として，多様な心理教育的プログラムが提供されています。

　近年，子どもがさまざまな暴力（虐待，誘拐，痴漢，いじめ等）にさらされる社会状況が蔓延し，悲しいことに本来守るべき大人が逆に加害者となる場合も多く，子ども自身が暴力から自分を守るためのスキルを獲得する必要性が急速に高まっています。

　また，同級生や先輩からの自分の権利の侵害，いじめや脅迫，嫌なことの強要に対しても，「ノー」を言える子どもに育てなくてはなりません。CAP（Child Assault Prevention：子どもが暴力から自分を守るための教育プログラム）は，このような社会的要請に応える教育プログラムの一つです。

　CAPは，米国で成果を上げている**人権**の考え方を基盤にした子どもへの暴力防止の具体策であり，子ども自身が，自分の大切な**3つの権利**（**安心**し，**自信**を持って，**自由**に生きる権利）を奪われたとき，「いやだ！」とはっきり意思表示することを教育するものです。従来の「～してはいけませんよ」式の危険防止（禁止）教育，あるいは「～は怖いですよ」といった脅かし教育とはまったく違うタイプのものであり，子どもたちに対する暴力に対して，子どもはどう対処できるのかを，歌やロールプレイ，討論などの体験学習を通して教えるものです。従来の暴行防止方法が「回避」であったのに対し，子どもが被害にあいやすい要素をなくすことこそが重要だと考え，「知識を増やす」「無力感・依存心を減らす」「孤立を減らす」，この3つが効果的な方法であるとされます。

　そして，保護者，学校，地域住民の一人ひとりにも同様に暴力防止の教育の機会が提供されます。それは地域ぐるみで取り組まなければ効果は上がらないと考えられているからで，子どもも大人も，各人が本来持つ力を引き出して生きることを大切にするエンパワメントの姿勢が貫かれます。

　参考図書：クーパー，S.著（森田ゆり監訳）『「ノー」をいえる子どもに——CAP／子どもが暴力から自分を守るための教育プログラム』童話館出版，1995

4th Stage

ユーモアとゲーム感覚で問題にかかわる

4th Stageは，お笑いStage？
苦虫を嚙み潰して，指導援助に励むよりも，
指導援助を楽しんでやりましょう。
ユーモアたっぷりの「問題の外在化」や
ゲーム感覚で行うアプローチが満載！

4th Stage

Lesson 12
問題を「外在化」する

4th Stageは，問題行動を「〜虫」「〜菌」などと比喩的に命名することで，本人と問題行動を分離して扱えるようにする「問題の外在化」を学びます。

▌Introduction

　1st Stage から 3rd Stage を通してお伝えしたことは，指導援助の基本は「リソース」（有るもの，やれていること）にあるという姿勢／発想であり，「例外」（すでにうまくやれている状況）の観察や成功の責任追及そして，子どもたちの未来時間イメージを扱うことが，その成長／変化に大きく役立つものであるということです。4th Stage では，子どもたちの「問題行動」の扱い方について，さらに楽しく工夫を広げ，ユーモアの意義を学びます。

　ところで私たちの周りにはさまざまな菌あるいは虫が存在し，少し油断をするとそれらが繁殖し，思わぬ病気や被害にみまわれます。医学では，菌や虫を研究することが重要ですが，指導援助においても，菌や虫に着目することに意味があります！　私たち自身のなかには"泣き虫""弱虫""カンシャク虫"などといった「虫」や，「菌」とでも呼びたくなるような悪さをする癖／衝動が存在します。Lesson 12 は，この「虫」「菌」を，「問題行動」に対して比喩的に使う工夫（「問題の外在化」）を学びます。

▌Case

家庭内暴力をともなった不登校の小3のL子

　小学1年秋ごろ，L子は担任からの叱責をきっかけに，さみだれ登校，過食

になり，その後1か月余り不登校となる。3学期に入ってからは段階的登校を経て，2月から通常登校ができるようになった。2年生は担任持ち上がりで何の問題もなく過ごした。

3年生ではクラス替え，担任が交代した。5月ごろ，L子がついた嘘への担任からの指導をきっかけに，「先生が怖い，自分は嫌われている，学校へ行くのが怖い」と，夜驚，拒食となり，母親を避けるようになる。同じ敷地内の母方祖父母宅に逃げ込み，そこで寝泊りし，自宅に戻らず不登校となる。

L子はいらいらしては祖母に対し，叩く，引っかく，髪を引っ張る，物を投げるなどの暴力を振るう。その一方で「私なんか死んだほうがいい」と落ち込む。小学1年時と同様，小児科を受診し投薬を受けるが著効はなく，諸検査も異常なし。母親は暴力を振るうL子を許せず，しかし厳しく対応すればより事態が悪化するため，対応に困り果てている。父親は多忙で不在がちである。

Question & Work

(1) この事例を読んで，母親に対して，まずどんな助言をすることが役に立つでしょうか？

_____

_____

(2) L子が自分の問題行動について，うまく扱えるようになるために，どのような工夫をすればいいでしょうか？

_____

_____

ここで一句 　悪いのは「暴力菌」！　みんなでやっつけろ

問題を「外在化」することで，みんなで一致団結して対応できます。

Answer

!かかわり方のヒント！　子どもの「問題行動」を指導援助するとき、責められるのは「問題行動」であって、子ども「本人」ではありません。「本人」と「問題行動」を分けて扱う発想が大切です。

(1) L子の母親にはどんな助言が役に立つでしょうか？

　母親へ何か助言をするとすれば、以下のような内容が思い浮かぶ可能性があります。

　①担任の指導を問題として扱い、学校に申し入れる。
　②祖母と母親自身の関係性を問題として扱う。
　③父親不在を問題として扱う。
　④母親自身の養育態度を問題として扱う。
　⑤L子には発達学上の障害があると考え、それへの対応をする。
　⑥暴力に妥協しないためにL子を安易に受容せず厳しく叱責し、統制する。
　⑦暴力も含めてL子を無条件で受容する。
　⑧本人を受容し、暴力行為は否定するために、本人と暴力行為を分けてとらえる工夫をする。

　さて、これらの助言のなかで現実的な指導援助に役に立つのはどれでしょうか？　問題行動の原因を実在の誰かの責任に帰している限り、解決に向けて事態は動き出しません。なぜなら、これらの原因説は、よって立つ立場により仮説が異なるため真偽を明らかにできないからです。にもかかわらず、誰かを原因（悪者）とすれば、そこには敵対関係が生じ、解決は難しくなってしまいます。

　筆者がL子の母親に言ったことは⑧でした。具体的

アドバイス

〈助言の前提となるもの〉
　問題行動の原因をどこにおくのか？（誰が悪いのか？）
↓
①〜④は、関係者の誰か（担任、祖母、父親、母親）が悪い
⑤は医学的原因（仮説）
⑥は本人が悪い
⑦は本人は悪くないが、悪者は明確にしない
⑧は本人も他の誰も悪くないが、人格化されたメタファー（問題行為の比喩）が悪いとする

※⑥と⑦の対立構造
↓
「管理・指導」vs
「受容・共感」（「生活指導」vs「教育相談」）
↓
どちらを取っても十分な解決は得られない

には以下のような工夫をして，話しました。

「L子は好きで暴れているわけではありません。どうしようもなく苦しくてやっています。L子はとても良い子なのに，たとえば"イライラ菌"のようなものが入ってきて，その"イライラ菌"がL子を苦しませている。それなのにL子が悪いと勘違いしてしまうと，L子自身を責めることになり，ますますその"イライラ菌"はL子のなかで暴れてしまいます。L子は良い子で，悪いのはその"イライラ菌"，というように分けてとらえてあげることが大切です。暴れるときは『"〜菌"出て行け！』と「菌」に対して叱り，L子は抱きしめて守ってください」。

(2) L子が自分の問題行動をうまく扱えるようになるためにどんな工夫をすればいいでしょうか？

それは，比喩（メタファー）を使うことです。

（L子はとても良い子なのに）L子自身がどんな悪い「虫」や「菌」のようなものによって困らされているか，について話し合います。たとえば「狂犬病」は犬を凶暴にする"狂犬病菌"の仕業です。L子にとって自分に悪さをしてくるものを，どんな「菌」や「虫」のようなものとして表現できるのかを問い，それに名前をつけたり，絵に描いてもらうように奨励します。実際のところL子は，"悩み菌""暴力菌""怒り菌"の3種の「菌」が自分を困らせていることを，絵に表現してくれました。

「良い者（本人）」vs
「悪者（イライラ菌）」
という対立構造
↓
本人や関係者から問題を「外在化」する構造

・描画による「外在化」は効果的

悩み菌

Key Point
- 問題行動への指導援助は，「本人」と「問題行動」を分けて扱う
- 「問題行動」を"〜菌""〜虫"のような比喩で表現する
- 「本人」を受容し守り，関係者みんなの力で，原因の"〜菌"を退治するという構造をつくる

Exercise

　Lesson 11 の Homework は、「皆さんのなかに飼っているさまざまな『虫』を観察して見つけておいてください〔泣き虫，弱虫，かんしゃく虫，野球の虫，自己虫〔じこちゅう？〕（笑）などなど〕」というものでしたが，さて，皆さんは，どんな「虫」が何種類見つかりましたか？

　筆者も原稿の締め切りが近づいてくると，たくさん飼っていた"怠け虫"が"弱虫"に変身してしまったり，"焦り菌"にやられたりします（笑）。「私って，なんてダメなんだろう……」と自分を責めていると，ますます自信がなくなり，イライラして家族など周りの人たちまで巻き込み事態を悪化させてしいかねません。しかしそのようなとき，「"怠け虫"や"焦り菌"の仕業だな」と（問題を「外在化」して）考えると，問題から距離を置く（客観化する）ことができ，余裕（笑い）が出て，自分の問題を安全に見つめることができるようになり，もう一度冷静に取り組む元気が出てきます。問題を人格化し，対象化することで，ユーモアが生まれるのです。

〈PART Ⅰ〉

A．皆さん自身のなかにはどんな「虫」や「菌」を飼っていますか？　思い出せるものを，下記に書き留めてみてください。昆虫採集や昆虫標本ならぬ「虫」や「菌」の採集標本を作りましょう。いつも飼っているもの，たまに出てくるもの，まさかと思ったけど見つかった珍しいものなど……。

（あまり思いあたらない方は，周囲の人に聞いてみるといいでしょう。あるいはこの１週間，よ～く観察して見つけてみてください。）

① ＿＿＿＿＿＿虫　② ＿＿＿＿＿＿虫　③ ＿＿＿＿＿＿虫
④ ＿＿＿＿＿＿菌　⑤ ＿＿＿＿＿＿菌　⑥ ＿＿＿＿＿＿菌

B．Aで見つかった「虫」や「菌」のなかでとくに手ごわいと思うものを選んでください。それらの「虫」や「菌」の，苦手／敵（「虫」や「菌」を退治・減退させるもの）と，好物／味方（「虫」や「菌」を増殖させるもの）は，何でしょうか？　なるべく具体的に書き出してみてください。

（例：弱気虫の苦手は励まし，好物は多忙）

①(a)＿＿＿＿＿＿虫の苦手（敵）は，＿＿＿＿＿＿＿＿＿＿＿＿＿＿

　(b)＿＿＿＿＿＿虫の好物（味方）は，＿＿＿＿＿＿＿＿＿＿＿＿＿

②(a)＿＿＿＿＿＿菌の苦手（敵）は，＿＿＿＿＿＿＿＿＿＿＿＿＿＿

　(b)＿＿＿＿＿＿菌の好物（味方）は，＿＿＿＿＿＿＿＿＿＿＿＿＿

〈PART Ⅱ〉

　自分の学校で，問題行動を伴う子どもを思い浮かべ，〈PART Ⅰ〉と同じ要領で，問題を「外在化」し，その虫や菌の苦手と好物を見つけてください。
（例：○○さんのひがみ虫の苦手は，ほめられること）

(A)①＿＿＿＿＿＿＿＿虫　②＿＿＿＿＿＿＿＿虫　③＿＿＿＿＿＿菌

(B)①(a)＿＿さんの＿＿＿＿＿虫の苦手（敵）は，＿＿＿＿＿＿＿＿＿＿

　　(b)＿＿さんの＿＿＿＿＿虫の好物（味方）は，＿＿＿＿＿＿＿＿＿

　②(a)＿＿さんの＿＿＿＿＿菌の苦手（敵）は，＿＿＿＿＿＿＿＿＿＿

　　(b)＿＿さんの＿＿＿＿＿菌の好物（味方）は，＿＿＿＿＿＿＿＿＿

　これらの作業により，皆さん自身や子どもたちの問題について客観化でき，それらの対処法について何らかのヒントが得られるはずです。また，ぜひ子どもたち自身にも聞いてください。こちらがそれを勝手に命名するより子どもにその正体を聞いたほうが正確です。保護者と連携して子どもの問題を扱うときにも，この問題の「外在化」の作業を応用することをお勧めします。

　ユーモアは人々が悪循環から抜け出し，新しい流れを作り出す最高の薬です。どんな事例の援助においても，どんな深刻な状況にあっても，解決に焦点をあてるなら，ユーモア精神はもっと尊重されなければなりません。Lesson 12 の Answer や Lecture で解説しているように，「外在化」はユーモアのためだけではありませんが，ユーモアをもたらすことで人々をエンパワメントする（力づける）面も大きいのです。

Lecture

☞ふりかえってみよう☞ 「問題行動」を比喩（たとえば"〜菌"の悪行）で表現する。それにより本人にその問題（"〜菌"）へ対抗する力がつき，関係者（教職員や親）も本人を尊重し勇気づけることが可能になります。

L子の問題行動に比喩（メタファー）を用いることで，「本人」と「問題行動」を分け，L子を尊重し守りながら，「問題行動」にどう対応していったらよいかについて安全に話し合うことができます。L子の場合は，比喩を絵に描いてくれました。

筆者との面接で，彼女は自分の悩みは「学校に行けないこと」と話し，自分の暴力については言葉に出していませんでした。その彼女が絵のなかで初めて"悩み菌""暴力菌""怒り菌"を表現し，それらが自分を困らせていることを語ってくれたのでした。その後の話し合いのテーマは「どうやってそれらの"菌"を退治するか」に焦点づけられました。

L子の問題行動をめぐって，L子を責めるのはもちろん，不必要に母親を責めたり，父親，祖母，あるいは学校関係者を責めることも可能でしょう。これはどの立場でも同様です。しかし責め合う関係では，お互いが敵同士です。そうではなく，このように「本人」と「問題行動」を分け，「問題行動」を"〜菌"のように命名すれば，"菌"を悪者にし敵とすることができます。そうすれば「本人」を良い者扱いでき，すべての関係者を「本人」の味方とすることができます。"〜菌"を仮想敵国に見立てて，味方の団結と士気を高める構造をつくれるわけです。

> **ポイント**
>
> 「問題の外在化」の定義
> 「問題の外在化」とは，
> ①本人や関係者にとって耐えがたい問題を対象化または人格化し，
> ②本人および関係者から切り離して，その外側に位置させ，
> ③みんなで一意団結して対応することを勇気づける，治療的アプローチ（ホワイト＆エプストン）

こうして「本人」と関係者はエンパワメントされ、手ごわい「菌」に打ち勝つ力を得ることが可能になります。L子の場合，結局，父親も含めた家族全員と担任の力も借りることができました。この構造をつくることで，「本人」が安心し自己治癒力が発動して，速やかな解決がもたらされることが多いのです。

L子はこの1回の面接だけで，自宅に戻り暴力を克服できました。母親はL子が不安定になり始めると，機転をきかせてこれらの"菌"を叱り「L子が"暴力菌"や"怒り菌"に負けずにがんばるたびに，"宝物"のL子が増えるんだよね」と言って，L子を励ましました。また筆者らは，担任らにL子が描いた"菌"の絵を見せ，「問題の外在化」の概念を理解してもらいました。担任を加えた面接では，担任が「先生にも"怠け菌"がいてね……奥さんに助けてもらおうと思って……」と話すと，L子は「私も自分で一生懸命治しているよ！ 先生も自分で治さなきゃ！ 大人でしょ！」と逆に担任を叱咤激励する場面もありました。このL子の台詞からも，「問題の外在化」が単なる責任転嫁ではないことが明らかです。

L子は"悩み菌""暴力菌""怒り菌"の3種の菌を絵で表現し，周囲のみんなを味方にして悪者菌退治に励んだ結果，2週間後には，学校の宿泊行事に参加し，順調に教室に復帰していきました。

- 「問題の外在化」は，本人と関係者をエンパワメントする

- 「悪者の"菌"の代わりに，"宝物"が増える」という発想

- 「問題の外在化」は，責任転嫁ではない
- 「問題の外在化」により，結果的に①自己統制力を育て，②自分づくりを促進することができる

Homework

- 自分の学級や家庭などにはびこっている「虫」や「菌」がありますか？ それに名前をつけ，楽しくユーモアのある退治法をみんなで考え，実行してみましょう

4th Stage

Lesson 13
工夫とユーモア──「問題の外在化」の応用

ここでは,「問題の外在化」を応用して,子どもたちの指導や援助に役立つさまざまな工夫とユーモアの発想を学びます(遊びます?)。

Introduction

「問題の外在化」アプローチにおいて,問題行動の比喩としてよく利用されるのが,「虫」や「菌」です。しかし,「虫」と一口に言っても,悪い虫(害虫)と,役に立つ良い虫(益虫)があります。「菌」にも悪玉菌と善玉菌があります。「虫」も「菌」も,もちろん使いようです。

Lesson 12 では,問題行動を「〜虫」や「〜菌」と命名して悪者にし,本人と切り離し,その悪者をやっつけるという発想／工夫(問題を「外在化」すること)を学びました。そこには,ユーモアが宿り,笑いが生まれます。問題を深刻に扱えば扱うほど,頭はカチカチになり,悪循環が繰り返されます。困難な状況でも笑える余裕が生まれれば,悪循環のたがが緩み,問題から距離を置くことができ,そこから新たな発想や解決がもたらされます。

子どもたちは,ユーモアやメタファーが大好きです。いつの時代も子どもたちはごっこ遊びや,童話・寓話,変身ものに夢中になります。そこには子どもの心が育つ大切な要因があり,子どもはそれを知っています。それをくだらないと感じる大人は,もう心が育ちにくいかもしれません。Lesson 13 では,子どもたちの指導援助に役立つユーモアのある工夫を,さらに扱います。

Lesson 13●工夫とユーモア

Case

朝になるとお腹が痛くなる不登校の小2のM男

　小学2年生のM男は，1学期最後の1週間から休みはじめ，2学期の最初から約1か月間学校に行っていない。理由を聞くと，先生から聞かれたときに答えられなかったり，まちがったときに友だちからバカにされるからと言う。2学期の初めは，父親が朝，引きずって行かせたり，ビンタして行かせようとした。今度は朝になるとお腹が痛いと言い出し，結局，不登校が続いている。M男は野球が大好きで，小学校に入って始めた野球は，毎日曜日，夏休みも9月に入ってからも続けている。

　両親は共働きの公務員で，同業種のため，よく理解し合い力を合わせてきた。M男は乳児期から祖父母宅，保育園，学童保育クラブと預けられてきている。母親は小学校の先生から，「M男の不登校は，彼の心の落ち着く場所がなく育ってきたためだ。彼の心の落ち着き場所をつくってあげてほしい」と指摘され，仕事をやめようかと深刻に悩んでいる。

Question & Work

　M男とその両親は深刻です。M男の不登校の原因について，発想を変えてもらうために，どのような別の言い方をすればいいでしょうか？
（「～虫」というような「問題の外在化」の発想を用いてみてください）

_____
_____
_____
_____

ここで一句　**学校が　ユーモア塾なら　いいのにな！**
ユーモアは，ふざけや，不真面目とは異なるものです。

Answer

！かかわり方のヒント！ 状況をきちんと確認しながらも、深刻に考えすぎず、問題を笑う発想です。おかしなことは「虫」のせい。「虫」の特徴をユーモラスに観察して、「虫」の弱みや天敵を探しましょう！

M男の不登校の原因について、発想を変える言い方は？（「問題の外在化」の発想を用いる）

パンパカパ〜ン!! 正解は、"お腹イタイイタイ虫"でした。そして他にも次々と"気持ち悪い虫""頭イタイイタイ虫"がいることがわかりました。

M男と両親には、このような話をしました。「M男の場合、いろいろな虫が身体のあちこちを神出鬼没に動くんだよね。虫は朝になるとプ〜ンとどこからか飛んできて、それは超能力で見るとみえる虫なんだけど、今日はどこにとまろうかなと思っていて……頭にとまると頭が痛くなるわけ。この虫は時間に敏感な虫で、朝の7時半になるとやってくる。夜や面白いTVがあるときは来ないんだよね」。M男と両親は大爆笑。

まずM男と両親からのお話から、次のことがわかりました。彼は勉強はできるほうで、とくに体育と音楽が好き。走るのが速く、学校ではドロケイ（泥棒と警官という鬼ごっこ）やドッジボールをしてよく遊ぶ。仲良しの友だちはいるし、いじめっ子もいるけど、その子も良いときもある。ちょっと好きな女の子もいる。担任の先生は別に嫌いじゃないし、普通。

筆者は、「話を聞いていると、M男は学校楽しそうだよね……」と言うと、「ウン……」とM男。そこで父親が「おかしいねぇ。なんでお腹痛くなっちゃうん

アドバイス

※「問題の外在化」の詳細はLesson 12参照

〈工夫とユーモア〉
・「虫」は朝になるとプ〜ンと飛んでくる
・超能力で見るとみえる「虫」
・時間に敏感な「虫」
・面白いTVのときは来ない「虫」

Lesson 13●工夫とユーモア

だろう？」とつぶやいたので，筆者はすかさず「それは，"お腹イタイイタイ虫"だよね！」と言うと，一同「えっ？」とポカンとし，次の瞬間，爆笑！「そ〜かぁ」と納得。ここから上記の，いろいろな虫がいて……という虫の特徴の話につながっていったのです。

　筆者がM男に「ナメクジの嫌いなものは何だ？」と問題を出すと，彼はすぐに「塩！」と答えました。そこで次のナゾナゾを出しました。「じゃあ，M男の"お腹イタイイタイ虫"が嫌いなものはな〜んだ？」彼はなんと「汗！」と答えたのでした。「じゃあM男の"お腹イタイイタイ虫"が好きなものはな〜んだ？」今度は彼は「ボーっとしてる人！」と答えてくれました。身体を動かして「汗」をかいているとき，野球やドッジボールをやっているようなときには，確かに彼のところに"イタイイタイ虫"はやってきません。反対に，つまらないな，嫌だなと「ボーっとしてる」ときにやってきます。両親も感心しました。

　M男にはその迷惑な虫とは別に，素敵な虫も発見されました。それは"野球の虫"でした。

　笑いの渦の中から解決へのヒントが次々に見え，両親から深刻さが吹っ飛んでいきました。父親は「そうか，汗か！ また朝一緒に走るか!? 富士山の見える丘まで……不登校になってからパパはM男のこと弱虫だって怒ってばかりだったもんな」と語りました。

・おかしなことは「虫」のせい

※「えっ？」という空白の時間
↓
「クリエイティブ・モーメント（創造的瞬間）」

・ナゾナゾ
a)「虫」の嫌いなものはなんだ？
b)「虫」の好きなものはなんだ？

・良い「虫」は，"野球の虫"
・「虫」の退治法は，朝，「汗」をかくこと
↓
朝，パパとジョギングを再開！

Key Point
・深刻に悩むより，問題を面白く，楽しく発想する
・「えっ？」という反応をねらう。その空白の時間が，「クリエイティブ・モーメント（創造的瞬間）」
・「虫」や「菌」の嫌いなものを増やして，退治する

Exercise

　Lesson 12の Homework は，「自分の学級や家庭などにはびこっている『虫』や『菌』がありますか？　それに名前をつけ，楽しくユーモアのある退治法をみんなで考え，実行してみましょう」というものでした。

　皆さまのところには，どんな「虫」がはびこっていて，どんな楽しい退治法が見つかったでしょうか？

　ドイツでは，子どものアトピー治療に，"かゆみオバケ"という，てるてる坊主のような人形を作って，みんなでその人形を，パンチしてやっつけるというプログラムがあります。悪いのは，子どもたちではなく，アトピーのかゆみなのに，彼らは親や治療者から，「掻いちゃダメ！」など，いろいろ制限されて叱られます。これでは彼らの免疫力まで弱まってしまいます。"かゆみオバケ"をパンチ！パンチ！することで，治療効果を上げているということです。

〈PART Ⅰ〉言葉にする，絵にする編（図1を参照）
　実際に，子どもたちに調査してみましょう。
Ａ．子どもたち自身のなかにどんな悪玉菌と善玉菌がいるか？　どの悪玉菌を退治して，どの善玉菌を増やせばいいのか？　またその方法は？
　それぞれの菌のパワーはいくつ？　他の菌との交換方法はあるのか？
Ｂ．この学級のなかにはどんな悪玉菌と善玉菌がいるか？（Aと同じことを，この学級全体に対しても行う）
Ｃ．図1を参照して，空白の中に，各自が菌の要素を記入する。

〈PART Ⅱ〉パンチボール編（図2を参照）
　悪玉菌の顔（姿）を，膨らました風船に描いて，校庭や体育館で，「"～菌"出て行け！」と，パンチして遊びましょう。

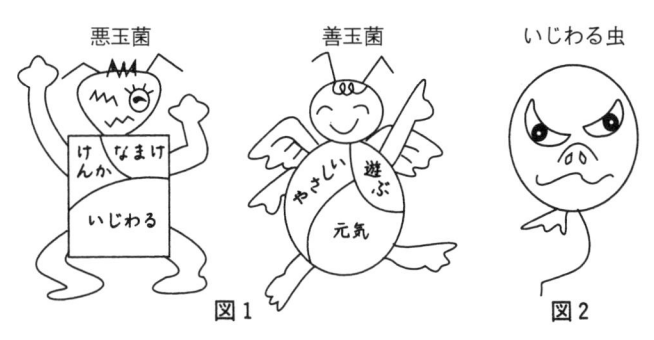

Lesson 13●工夫とユーモア

悪玉菌　　　善玉菌　　　いじわる虫

図1　　　　　　　　図2

〈PART Ⅲ〉変身小道具編

　皆さまの学級（部活動，家庭）のなかに，もし"退屈虫"や"意地悪菌"などの害虫や悪玉菌がはびこっていたら，なにか益虫や善玉菌を送らなければいけないときです。

　小道具を使って，いろいろな先生に変身して，学級に不足している要素を補いましょう。小道具の力で躊躇なく変身できます！　先生自身の違った魅力，それに誘発されて出てくる子どもたちの魅力を新たに発見できます。

（例）①ブローチ→「やさしいブローチ」⇒それをつけているときは，とびきりやさしい先生になり，子どもをほめまくる。

　　　②めがね→「キリリめがね」⇒それをかけたときは，キリリと引き締まった態度と言葉遣いで，子どもたちにも冷静にきちんと対応する。

　　　③縞のネクタイ→「落語ネクタイ」⇒それを締めてきたときは，とにかく面白い先生。方言を使ったり，いろいろなネタで笑わせる。

①小道具：　　　　　→名称：「　　　　　　」⇒用途（変身内容）：
_____

②小道具：　　　　　→名称：「　　　　　　」⇒用途（変身内容）：
_____

③小道具：　　　　　→名称：「　　　　　　」⇒用途（変身内容）：
_____

Lecture

☞ふりかえってみよう☞ 大切なことは，何が正しいかよりも，どうしたら本人や関係者がエンパワメントされるか（力づけられるか）であり，そこに知恵を使うことです。文字通り，「千客万来，笑う門には，福来る」です。

　M男は，毎朝TVのプロ野球ニュースで選手のプレーを見るのが楽しみでした。しかし，不登校になってからは見せてもらえなくなりました。朝の楽しみもなくなり，彼はますますボーっとしてしまいました。彼の"野球の虫"を活かさない手はないので，野球ニュースを，家族で毎朝楽しんで見ることになりました。

　母親は自分の養育態度が問題だったと自分を責め自信喪失し，父親は彼の甘えだと，彼を責めてしまいがちでした。しかし，指導援助で大切なことは，本人と家族や関係者がエンパワメントされることです。

　この笑いに満ちた話し合いで，M男と両親双方に元気が出ました。その結果，後日M男は，学校での嫌なことを改めて具体的に両親に打ち明けることができ，学校と協力して解決させました。その後，彼は元気に登校しています。本人も家族も気持ちが元気になり安心感を得られたときに，改めて今まで直面するのを避けていた，より本質的なテーマに気づくことができたり，それを話す勇気が出たりするものです。

　ユーモアは単なる逃避ではありません。むしろ，困難なことに直面し立ち向かう元気や勇気を湧き起こしてくれる，魔法の薬です。

　中学3年生のある少女は万引き癖があり，それが学校と両親に発覚しました。両親から責められるほど，

ポイント

・"野球の虫"を活かす

・指導援助で大事なこと→本人と関係者がエンパワメントされること

・安心感・元気が出て初めて，避けていたものに直面する勇気が出る

・ユーモアは，元気の素
・ユーモアは，逃避ではない

Lesson 13●工夫とユーモア

彼女は頑なな反抗的態度になり，家出まで企て，万引きは一向に止みません。このままでは悪循環です。

　カウンセラーは両親に，彼女に思春期の"イライラ虫"が取り付いた結果であること，万引きは彼女の右手に"悪魔がいたずら"する結果であることを話しました。両親は「そう考えたら楽になり，家族皆が救われます」と答えました。カウンセラーの提案で，彼女は自分の右手に，"天使の輪"と名づけたきつい輪ゴムをはめました。右手の"悪魔がいたずら"しそうになると，彼女はパチンと輪ゴムをはじき，それを退治できるようになりました。彼女はあるとき，小さな砂の小山のなかに（お墓のように）この輪ゴムを埋めました。それ以来，万引きはおさまりました。

　ある不登校の中学生は，家族関係が複雑で，姉がよく事件を起こしていました。「大人は汚い」「その血が自分にも流れているのは汚らわしい」と彼女は悩み，2年間引きこもり傾向，家庭内暴力がありました。担任の献身的なかかわりもあり，少しずつ元気になったのですが，何度再登校を試みても長続きしません。

　あるときの面接で，彼女は自分の中に"いじけ虫"と"ねたみ虫"がいて，足を引っぱり合っていることに気づき，「無農薬キャベツには虫がつきやすい。純粋なものに虫がつく。虫がつくのはピュアな証拠」という言葉に大笑い。今は毎日元気に登校しています。

・万引きは，①思春期の"イライラ虫"と，②"悪魔がいたずら"する右手のせいだと発想する

・"天使の輪"の輪ゴムで，右手の"悪魔のいたずら"をやっつける
・役目を終えた武器は"悪魔"とともに葬られる
・不登校は，"いじけ虫"と"ねたみ虫"の足の引っ張り合いだった

・無農薬キャベツには虫がつきやすい→虫がつくのは純粋な証拠！→自分のリソースに気づく

Homework

・たまにしかうまくいかないことは，どんなことですか？　それは，どんなことと関係あるのか，観察してみてください
・偶然にしかうまくいかないことは，どんなことですか？

4th Stage

Lesson 14
家族予想ゲーム

次に,「家族予想ゲーム」を紹介します。家族みんなで,ゲーム感覚で明日の状態を予想することで,「例外」の発見を楽しくやることができます。

Introduction

　学校現場では,今度こそは！と意欲的になれることがさまざまなきっかけである反面,毎日が慌ただしいため,ゆとりがなくなり結果的に思うようにやれなくなることも少なくありません。忙しくて大変ななか,それでも少しでも「うまくいっていること」「やれていること」は何？　今までよりも,悪くないことはどんなこと？　それはどうして？　何が役に立っているの？　自分の力の何から来ているの？「どうしてうまくいかないの？」ではなく,こんな質問攻めをする癖,もうつきましたか？

　うまくいったときのことが少しでも見つかれば,ゆとりが生まれ楽しい気持ちになります。ぜひ子どもたちにもしてみてください。たとえば学年が一つ上がったり,学期が新しくなっただけで,子どもたちは妙にしっかりしたように映ります。どんな小さな成長も見逃さずに,どんどん聞いてみましょう。1学年（や一つの学期分）お兄さん（お姉さん）になっただけで,どうしてこんなに○○がやれるようになったの？　すごいね。どうしてだろう。君のどんな力から来てるの？　子どもたちは成長したことをとても誇りに思うはずです。1学年上がったのにどうして××もまだできないの？　と責めるよりも,ずっと効果的です。私はいつも,「子どもたちの良いところは虫眼鏡を使ってでも探してください。逆に悪いところは片目をつぶって見てください」と申し上げま

す。これが「例外」（2nd Stage 参照）探しのコツです。
　しかし，うまくいったとき（例外）はあるにはあるが，それはまぐれのようなもので，それをどう指導援助に結びつけたらいいかわからないことも生じます。Lesson 14は，そんなときの頼もしい味方，いえ，そんなときこそ威力を発揮する楽しいゲーム，「予想ゲーム」をご紹介します。

Case

甘やかされて育った不登校でチックのある小5のN男

　小学5年生のN男は，4年生の2月から休みがちになり，その前後からチック症状も出現し，5年生の4月からは完全に不登校となった。5年の1学期は情緒不安定で家庭内で荒れていたが，徐々に落ち着いてきた。しかし，5年生の3学期半ばになっても学校の話題はタブーのままで，登校する気持ちは見受けられない。N男は，3人きょうだいの長男であるが，先天的な病気で幼少時に手術をしている。そのため，甘やかされて育ったのが原因であると姑や学校関係者は感じており，無理やり引っ張り出せば治るのにと母親を責めた。母親はこのまま待ち続けていいものか不安で対応に困っている。父親は長期出張で不在がちである。N男は朝目覚めてもなかなか行動せず，朝食を摂る時間が遅い。そのため1日のリズムが狂ってしまう。

Question & Work

　6年生に向けて，N男が，朝少し早く（学校に間に合う時間に），着替えや朝食などの支度ができるようになるために，何か名案はないでしょうか？

> ここで一句
>
> **よし，当てる！　家族でゲーム　明日の予想**
> 明日は明日の風が吹く。だから楽しく予想する！

Answer

！かかわり方のヒント！ 不登校の子どもでも，日によって調子が違います。たまに登校することもあれば，家でも調子の良いときや，元気なときもあります。子どもの持つ変化の可能性を，家族予想ゲームで広げます。

N男に対して直接学校に行く話をすることは（「追いつめないで！」とN男が荒れるため），N家ではタブーでした。しかし，本当は母親もN男も，学校のことがとても気になっています。このまま何もせずただ待っていることは得策ではありません。明日学校に行くか行かないかについて直接扱うのは，まだ時期尚早のようですが，N男の明日の調子がいいかどうかについて話題にすることならずっと安心してやれます。

ここでは，まずN男が，朝7時半ごろに目覚めているのに，その後の支度がダラダラしていることに注目しました。このままのペースでは，学校には間に合いません。しかし間に合う時間に目覚めてはいるわけです。つまり，やれていること（例外）は存在しているのです。ただ調子よくサッサと支度ができるときは，まぐれ（偶発的）にしか起こっていませんでした。そこで，どんなときN男が調子よく順調に支度できるのかをみんなで予想し，どんなことが関係してそれが起こるのかを観察できるようにします。

ここで，「家族予想ゲーム」の登場です。これは，「明日の調子はどうか？」について，きょうだいも含めた家族みんなが前の晩に自分で予想し，その予想が翌日当たったかどうかを競うものです。ゲームですから，当たった人には，それなりのご褒美をあげます。

アドバイス

・「明日学校に行くか行かないか」よりも，「明日は調子がいいかどうか」を扱うほうが安全

・少しでもやれていることは何か？→「例外」を見つける問い

・「例外」には，①意図的例外と，②偶発的例外とがある

・偶発的例外（まぐれでうまくいく場合）に対して，予想ゲームが有効

当たり，はずれを○×で一覧表にし，1週間ごとに結果を集計して景品を出すなど，ゲームとして楽しめるように工夫します。

　ゲームですから，当てるのが目的です。彼の調子が良くても悪くてもいいのです。その予想が当たったほうが勝ちです。そして当たってもはずれてもその理由を考えて，また翌日の朝の予想をすることを毎晩繰り返します。

(1)入門編：N家では，きょうだいそれぞれが，自分が明日の朝何時までに朝食を食べ終わるかを予想し，その当たりはずれを競い，勝者にはチョコボールが賞品として出されました（N家は，これに弟妹が先に夢中になり，N男も巻き込まれて，家族予想ゲームの導入に成功しました）。

(2)上級編：家族にも本人にとっても，N男が8時までに着替えと朝食を終えていれば，（学校に行くにしても問題なく）順調な一日を始められるのでした。そこで，ゲームをバージョン・アップさせ，朝の支度の終了を時間設定し，それがやれるかどうかを予想することにしました。予想が○（やれる）で実際が×（やれない）なら0点，予想が×で実際も×なら1点，予想が×なのに実際が○なら2点，予想が○で実際も○なら3点とし，1週間の各自の累積点を競い，豪華な賞品を用意しました。

〈家族予想ゲーム〉

本人の「明日の調子はどうか」
↓
前の晩に家族みんなが自分で予想する
↓
翌日，予想が当たっていたかどうかを確かめる
↓
当たってもはずれても，その理由を考える
↓
それを毎晩繰り返す
↓
得点をつけて，ご褒美を出す（ゲーム感覚）

Key Point

- 不登校の子どもでも，日によって調子が違う。子どもの変化の可能性を，家族予想ゲームで広げる
- 本人の「明日はやれるか？」を，家族が各自前の晩に予想する
- 目的は当てること。当たりはずれの理由を考え，当たる確率を上げる

Exercise

　Lesson 13 の Homework は，「たまにしかうまくいかないことは，どんなことですか？　それは，どんなことと関係あるのか，観察してみてください」，「偶然にしかうまくいかないことは，どんなことですか？」でした。たまにしかうまくいかないことは，「例外」にあたりますが，それが何かと関係があれば，それは「意図的例外」となります。意図的例外であれば，それをまた繰り返すための対応策（どうすればまたその「例外」を起こせるか）がわかります。しかし，「例外」が何と関係があるかが見出せず，偶然にしか起こらないなら，「偶発的例外」となります。偶発的例外がいくら見つかっていても，それをまたやれるようにすることは難しいわけです。

　しかし，ここで諦めてしまってはいけません。たとえ偶発的であれ少しでもうまくいっていること（例外）は存在しているのですから，それを活かさない手はありません。そこで有効なのが「予想課題（予想ゲーム）」です。

　「予想課題」は，クライエントたちに，それらの例外は，彼らが考えているよりもずっと，彼らの意図的な行動や状態と関連していることを気づかせてくれる，観察課題です。その基本構造は，「一日の終わりに明日が良い日（例外が起こる）になるのか，悪い日になるのかの予想をする。そして翌日はいつものように行動し，その日の終わりに一日をふりかえって，予想が当たったかどうかをチェックする。予想が当たってもはずれても，その理由や説明を考える。そして，また次の日の予想を立てる。これを繰り返してもらう」というものです。

　そしてこの「予想課題」を家族全員でゲーム化してやれるように筆者らが応用したものが「家族予想ゲーム」です。筆者らの経験では，「予想課題」は一人でもできますが，子どもたちへは「家族予想ゲーム」がはるかに効果的です。とくに不登校の子どもたちや，硬直化，あるいは長期化して糸口の見えにくい（しかし日によってわずかな状態の差異，つまり少しでも良いときがある）事例などに非常に有効です。

Lesson 14●家族予想ゲーム

〈PART Ⅰ〉
A．上記の「予想課題」を，ぜひ自分で1週間行ってみてください。予想の結果を，○×で記録し，当たってもはずれてもその理由を書いてください。
B．「予想課題」を実行してみて，いかがでしたか？　気づいたことや感想があれば，書いてみてください。

_____
_____

〈PART Ⅱ〉
　学級で「学級予想ゲーム」をやってみましょう。「家族予想ゲーム」を応用して，以下のAやBについて，班単位などで○×で，表を作って予想ゲームをしましょう。予想した日も学級のみんなは普通に過ごします。一日の終わりに，当たってもはずれても子どもたちにその理由をしっかり考えさせ，話し合いをさせます。ときには子どもたちが予想の精度を上げられるように，子どもたちの出した理由に対して助言してもいいでしょう。そして，2週間このゲームを続け，予想を楽しく競い合い，最後に勝敗を発表してご褒美を出します。この間にきっと何か良い変化が起こるはずです。みんなでふりかえりましょう。
A．学級の明日の調子（学級がうまくいくかどうか）についての予想ゲーム
B．学級で偶然にしかうまくいかないことについての予想ゲーム

〈PART Ⅲ〉
　「家族予想ゲーム」も試してみましょう。家庭で，子どもに偶然にしかうまくいかないことについて，Answerにある「家族予想ゲーム」を参考にして，2週間やってみましょう。そして，2週間経って，どんなことが起こったかふりかえってみてください。これを保護者に提案するのも良いでしょう。

Lecture

☞ **ふりかえってみよう** ☞　家族予想ゲームは，当初本人のやる気が低い場合でも，家族みんなが楽しくご褒美を競って行うことで，本人も自然に参加できるようになります。予想を当てる努力が明日への信頼を生み出します。

　家族予想ゲームは，一般的には本人の翌日の調子を家族みんなで予想するものです。しかし，N男は自分だけが注目されるとへそを曲げるので，母親は機転をきかせ，朝だらしないのは弟妹も同じだから，どうせなら各自が自分の時間を予想しようと提案しました。入門編ゲームでは，むしろ弟妹の朝のけじめに効果がありました（笑）。N男にもけじめはつき始めたものの，朝9時より時間は早まりませんでした。しかし，母親からは，弟妹もゲームに参加し家族が明るくなったこと，翌日のことを考えるという面で生活にメリハリがついたことが報告されました。ひとまず，家族予想ゲームの最初の目的は達成され，次に上級編が提案されたわけです。

　「家族予想ゲーム」には，主に3つの目的，あるいは意味があります。

　①本人の明日の状態に関して，家族全員が気軽に話し合える雰囲気をつくること。たとえば，不登校の場合，明日はどうなのかについて話題にすることは腫れ物に触るようにタブーになっていることが多い。ゲーム化することで，みんなで気軽に明日のことを楽しく話題にすることができるようになる。

　②明日にはいろいろな未来があるのだと考えるチャンスをつくること。未来の時間イメージは，過去のそ

ポイント

・家族予想ゲームは，本人だけを予想の対象にしなくてもよい。まず導入しやすいやり方で始める

・ゲームだから，とにかく，楽しくやって，明るくなること

〈家族予想ゲームの3つの目的〉

①本人の明日の状態について，家族みんなが気軽に話し合える雰囲気をつくる

れに引きずられやすいため、明日はこうなるだろうと決めつけた狭いイメージになりやすい。たとえば1年間不登校で来た場合、明日学校に行くイメージはすぐにはつくりにくい。しかし、学校に行く日が明日来るかもしれないのである。毎晩新たに明日を予想することで、未来は、いろいろな形で現れうるのだと考えることは、変化への伏線、明日への信頼となる。

③何が次の日に影響するのか、その条件を観察し推理することで、対応策が見つけやすくなる。予想を当てるには、今までのことをふりかえり、さまざまな情報処理をし、「例外」を偶発的でなく、意図的なものにする条件を探す必要がある。

さて、N家では、このゲームにより、何より家族が明るくなり、未来時間イメージが必ずしも過去に規定されない、自由なものになりました。N男が朝成功するときの条件として、前日に友人と遊んで気分が充実しているとき、カレーパンなど食べやすい朝食のときがあげられ、対応策もだんだん見えてきました。

そして、N家は悪循環から抜けました。N男は6年生になって自分の"怖がり虫"と戦い、何敗かしながらも、母親が「悔しいなら行ってごらん」と支え、6月から担任や教頭先生の力も借りながら、登校し始めました。2学期の運動会を乗り越えて自信をつけ、立派に卒業して、今は凛々しい中学生です。

②明日（未来）にはオプションがあると考える機会をつくる（未来時間イメージの多様性の検討→未来時間イメージについては、3rd Stage 参照）

③明日の状態に影響する条件を、観察し推理することで、対応策を見つけやすくする
・予想ゲームは、「偶発的例外」に用いるのが原則

・ゲームや笑いは、悪循環を断ち切る道具

・行けるのに行けなくするのは"怖がり虫"のせい
・"怖がり虫"をみんなでやっつける
↓
「問題の外在化」の発想
（Lesson 12,13 参照）

Homework

・ついやってしまう子どもへの対応はどんなことですか？
・それを改善するために、どんなことが役に立ちましたか？

4th Stage

Lesson 15
お小言カード

今回は,「お小言カード」を使った親子ゲームを紹介します。お小言を言うとき,「ご褒美カード」に交換できる「お小言カード」を渡します。

Introduction

　4th Stage では,ユーモアやゲーム感覚で問題にかかわることを提案してきました。Lesson 12, 13 では,「問題の外在化」により,問題をメタファーとしてユーモラスにとらえ対応することを学びました。Lesson 14 では,不登校の子どもに対して,家族を深刻にする話題（明日学校に行くか行かないかといった「例外」がまだ観察されないもの）ではなく,もっと気楽なもの（明日の朝の気分がいいかどうかといった「偶発的例外」が起こっているもの）を取り上げ,それを「（予想）ゲーム」にして家族で遊ぶことを提案しました。今まで見つからなかった意図的な「例外」が,見つかりやすくなります。ユーモアやゲームは,問題のなかにどっぷり漬かった深刻な状態から,私たちを解放し,未来時間へも解放してくれます。問題と距離が取れるだけで,これといった努力をしなくても,気がついたら問題は解決していたという経験を,誰もが持っているものです。シュバイツァー博士の驚異的な活動力をもたらした2つの秘密は,バッハの音楽と彼の卓越したユーモアであったといわれています。

　4th Stage 最後の Lesson 15 では,子どもに対して,お小言を言うのが得意な親御さん（や先生）を逆手にとって,楽しく遊んでいただくカード・ゲーム（名づけて「お小言カード」）を紹介します。哲学者ヘーゲルは,「個人,国家,そして神のいずれについても,いかに重要であり価値が高いかを理解する

ことは，欠点をあげつらうことよりはるかに難しい」と述べています。いつの時代も，人は，相手の欠点を数え上げることがお得意なようですね。

Case

感情コントロールができずADHDを疑われた小3のO男

小学3年生のO男は，2年生のとき，担任から，授業中立ち歩く，団体行動ができない，泣き叫ぶなどで，ADHDの疑いがあるといわれ，専門医を受診した。その結果，典型的ではないとされたが，服薬治療が開始された。家庭の都合で転校して3年生になると，今度は（泣くのを面白がられ）いじめにあい，毎日泣いて帰宅するようになった。サッカーの練習や塾に関しても母親から厳しく言われ，O男は，こんな生活は嫌だと家で暴れ，3階の窓から飛び降りようとまでした。O男は今まで母親に反発したことがなかったが，1か月ほど前から，「ママの思い通りにはボクはならない！」と言い始めた。母親は，O男が2歳のときに離婚しており，他の小児科医からは，それが原因ではないかといわれた。学校もサッカーもない冬休みは，少し落ち着いてきた。

Question & Work

(1) 母親に，まず，どんなことを質問しますか？

(2) O男に，どんなことを質問しますか？

(3) 母親のO男への対応改善に役立つ，親子でできるゲームを考案してください。

「お小言」を　たくさん貯めて　ご褒美ゲット！

「お小言カード」を交換し，叱責と賞賛のバランスを取ります。

Answer

！かかわり方のヒント！ 　子どもの問題行動について，親子に指導援助をする場合，「親として，何を問題に感じているか」を聞き，子ども自身には「それをどう思うか？」「親からはどう言われているか？」を聞くことから始めます。

(1) 母親に，まず，どんな質問をしますか？

「お母様としては，何が問題だとお感じですか？」「今日ここでは，どんなことについて話し合えればいいですか？」「お母様としては，とりあえず，何がどうなればよいのでしょうか？」

　これらの質問は，母親との話し合いを進めるうえでの定番です。正解できた方は，"解決志向"の発想がかなり身についているといえます。

(2) O男に，どんなことを質問しますか？

「ママはO男にいつもどんなことを言うの？」「ママからはどんなことで，ほめられるの？」

「O男は，パパがいないことと，学校でたくさん泣くことと関係があると思っている？」「O男は，パパがいたほうがいいのかな？」

　たとえ相手が子どもであっても，子どもからの事実の見え方，子ども自身の感じ取り方を聞いて，確認することが大切です。

(3) 母親の対応改善に役立つ，親子でできるゲーム

　O男の，「ママの思い通りにはならない！」との抵抗は，O男を思い通りにしようとする母親の力が強すぎることを物語っています。O男の自我の成長に必要なことが起きているともいえます。母親も，女手一つで必死にO男を良く育てようと努力してきたわけです

アドバイス

・母親へは次のような質問が有効です

「何が問題だとお感じですか？」

「ここで，どんなことが話し合えればいいですか？」

「とりあえず，何がどうなれば良いのでしょうか？」

・子どもへは次のような質問が有効です

「親が言ったこと（大人の原因仮説）についてどう思っているのかな？」

「親から，どんなことでほめられるのかな？」

が、そのやり方がO男にもう合わなくなっているようです。O男が成長してきた証です。母親を責めることなく、楽しく、しかし、母親の彼への対応の改善に役立つような親子ゲームを考えたいものです。大切なことは、子どもを叱責してはいけないのではなく、ほめてあげることとのバランスを取ることです。

ここで、「お小言カード」の登場です。「お小言カード」と「ご褒美カード」の2種類のカードをそれぞれ10〜20枚、作ってもらいます。母親がO男にお小言を言うときには、「お小言カード」を彼に1枚渡します。母親が自分でお小言と気づかずに言った場合は、O男がチェックし、「それはお小言だよ」と言って、ちゃんとカードをもらうようにします。夜になったら、全部の「お小言カード」を母親に返します。母親は、その枚数分、彼の良いところを探してほめ、「ご褒美カード」に交換します。「ご褒美カード」を貯めた枚数によって、たとえば遊園地に行くなどの景品と取り替えてもらうわけです。

サッカーのイエローカードやレッドカードのように、お小言を何回も言うとカードの色と効力が変わる、3枚分の力の「シルバーご褒美カード」などグレードのついたものを作る、あるいはお小言を言われなくても、O男が何かがんばれたことに対して「ご褒美カード」がもらえるなど、いろいろな工夫をするととても楽しく、張り合いのあるゲームになります。

〈「お小言カード」の手順〉

a)「お小言カード」と「ご褒美カード」の2種類を数多く作る
 ↓
b) 親は、お小言を言うとき「お小言カード」を渡す
 ↓
c) 一日分のお小言カードを、親に返す
 ↓
d)「お小言カード」の分、子どもをほめて「ご褒美カード」に交換する
 ↓
e) 子どもが努力すれば、直接「ご褒美カード」がもらえる
 ↓
f) 毎日それを行う
 ↓
g)「ご褒美カード」の枚数で景品をゲット！

Key Point

- 問題の原因を扱わなくても、解決に向けてやれることがある
- 問題をつくり出すパターンを、逆手に取って福となす（遊び心を忘れずに）
- お小言の多い（過干渉な）親には、「お小言カード」を提案する

Exercise

　Lesson 14の Homework は,「ついやってしまう子どもへの対応はどんなことですか？」「それを改善するために，どんなことが役に立ちましたか？」でした。皆さんのなかで，役に立った改善方法が見つかっていたら，ぜひ教えてください。

　O男に提案した「お小言カード」も，Lesson 14の「家族予想ゲーム」も，ご褒美を賭けたもので，その点で行動療法における正の行動強化の方法を応用しています。良くない行動に罰を与えることは，負の行動強化ということになります。子どもを指導したり，教育したり，（親であればしつけたり）するなかで，誰もがこの両方をうまく組み合わせて使っているわけです。とくに「子どもをほめて伸ばす」ことの重要性は再三指摘されています。しかし，それは「言うは易し，行うは難し」であり，親に愛情があればあるほど，ときにはそれが裏目に出て，ほめることと叱ることのバランスが偏り，負の行動強化をしがちです。子どもは，してはいけないことは嫌というほど知らされているのに，何を行えばほめられるのかについて知るチャンスは少なく，何をしてもだめだと萎縮してしまうわけです。親は親で，叱りすぎている（お小言が多すぎる）とたまに気づいても，なかなか行動修正ができません。

　そこで有効なのが，このような遊び心満載のゲームです。「お小言カード」はとくに小学生年齢の子どもたちに有効です。彼らはゲームや遊びが大好きですから。「お小言カード」を出すことで，親も子どもも，今，このことで，叱っている（叱られている）と意識することができます。叱ること（お小言）の回数を少なくし，何を叱って（叱られて）いるか承知していることが大切で効果的なことなのです。そして，ほめる（ほめられる）ことを増やしてバランスをとることが必要です。このように「お小言カード」は一石四鳥か五鳥にもなる「オイシイ」ゲームです。

〈**PART Ⅰ**〉「お小言カード」個別編

学級で個別指導が必要で，とくによく叱る（注意する）ことが必要になる（問題行動などのある）子どもに対して，（親とも相談したうえで）学級で先生とその子どもとで（O君と同じパターンの）「お小言カード」を利用した指導援助を行います。

〈**PART Ⅱ**〉「お小言カード」学級応用編

Ａ．学級版「お小言カード」を新たに工夫してやってみましょう。先生が子ども（班）を叱るときには，「お小言カード（赤）」を出して叱り，赤カードボックスに入れます。子ども（班）は，各自が，「がんばりカード（青）」をつくって持っていて，がんばったときやほめてもらいたいとき，それをみんなの前で報告して先生に渡し，青カードボックスに入れて貯めます。赤対青で，その数の多いほうが勝ちで，週間／月間集計して，ご褒美を競います。赤が多かったときは，肩たたきやお手伝いなど先生が子どもからご褒美がもらえます（これは，一例です。赤を青に交換する条件をつけるなど，いろいろ楽しく工夫できます）。

Ｂ．保護者会などで（学級での成果を報告するなどして），同様の「お小言カード」ゲームを家庭でやってもらうことを提案してみましょう。

〈**PART Ⅲ**〉自分への「ご褒美シール」編

　自分自身のためのワークです。上司や同僚，保護者からお小言を言われたとき，お小言シール（黒）を，その数だけお小言シール台紙に貼ります。自分なりにがんばったこと，自分をほめてあげていいと思うことがあったときに，ご褒美シール（花柄）を別の台紙に貼ります。お小言シールは3枚でご褒美シール1枚分に換算され，ご褒美シールとして加えて台紙に貼り足します。ベルマークやブルーチップのように，ご褒美シールが一定の数集まったら，自分に何か奮発したご褒美（高級レストランに予約して行く，洋服を新調する，温泉に行くなど）をしてあげてください。私たち自身も，お小言をきちんと受け取るとともに，もちろんがんばった分のご褒美を自分にあげていいのです。

Lecture

☞ふりかえってみよう☞　子どもは，ご褒美を賭けたゲームが大好きです。ご褒美は，行動療法でもっともポピュラーな正の行動強化の方法です。また，お互いに指摘しづらいことでも，ゲーム感覚なら安全に行えます。

　O男の事例を読んで，一般に指導・援助者が問題に感じがちなことは，以下の2点でしょう。
　①O男は，ADHDなのか。
　②O男の問題は，母親の離婚が原因なのか。
　この事例の場合，母親に，「とりあえず，何がどうなればよいのでしょうか？」と質問しましたが，母親は，自分が感じている問題としてこの①と②を話し，原因を知らなければ先に進んで行けないと述べました（しかし指導・援助者のほうが先に離婚を問題視して，それを聞くのは"問題志向"のスタンスです）。
　①のADHDについては，服薬効果が確定診断の一つの鍵です。それについて担任と母親との見解は不一致でした。学校と家庭双方で，O男の様子をしばらく観察し，連絡を取り合い確認するよう提案しました。②の離婚が原因かどうかは，原因説もあるでしょうが証明のしようがありませんし，離婚の事実は取り除けません。大切なことは原因探しよりも，これからどんなことが役に立つかです。
　ここでO男が忘れられてはいけません。彼自身に聞いて確認する必要があります。O男は，「ママはお小言が多い。少しほめてくれるのは，サッカーで活躍したとき」「泣くことと，パパがいないこととは関係ない。伯父さん（同居）がいるから，大丈夫だよ」と答

ポイント

……〈ADHDとは？〉……
「注意欠陥／多動性障害」（米国精神医学会『精神疾患の診断・統計マニュアル（DSM－Ⅳ）』の診断名：以下の診断基準による）
a）不注意
（9つ中6つ以上）
・うっかりミス
・気の散りやすさ
・話を聞けない
・指示に従えない
・順序よくやれない
・努力課題を避ける
・ものをなくす
・易刺激性
・日常活動を忘れる
b）多動性衝動性
（9つ中6つ以上）
・もじもじそわそわ
・離席して走り回る
・高所に登る
・静かにできない
・じっとしていない
・しゃべりすぎ
・質問が終わる前にだし抜けに答える

えました。大人の思惑だけで，子どもの気持ちを判断したり，勝手に動くのは，解決に結びつかないだけでなく，子どもの力も育てないことになります。

　筆者は，「ママの思い通りにはボクはならない」という彼の台詞を取り上げ，「すっごく男らしい言葉だよね！　3年生でそんなふうに言えるなんて。普通は中学生ぐらいでやっと言えるんだよ」とO男と母親に伝えました。この流れのなかで，「お小言カード」が提案されたわけです。Answerでの提案内容に加えて，もう一つ「ゴールドご褒美カード」が提案されました。彼が学校で（休み時間も）泣かないで我慢できたり，お友だちとうまくやれた日は，担任に報告して，連絡帳に花まるマークをつけてもらう。それを母親に見せると「ゴールドカード」がもらえ，それは普通のカード5枚分の効力になりました。O男はこれを自分で担任に話し，協力してもらうことを約束しました。

　O男の母親は，離婚が原因という自責から解放され，O男と楽しく毎日カード交換をしました。O男は，確かにADHDの傾向は持っていました（服薬によりその傾向の一部は改善されたようです）が，このようなかかわりにより，学校であまり泣かなくなり（いじめも減り），サッカーに自信を深め，徐々に落ち着きを取り戻しました。

・順番が待てない
・邪魔をする
a）b）が，家庭と学校の両場面で，半年以上続き，いくつかは7歳未満に生じている（自閉症等その他の疾患でない場合）

〈「お小言カード」の目的〉
a）親からの叱責と賞賛のバランスを取る
b）ご褒美は，正の行動を強化する
c）お小言回数を減少させる
d）叱られている内容と叱っているという構造を明確化する

Homework

- 子ども同士の力での，問題解決や，助けられた経験はありましたか？（教師や親として，あるいは自分の子ども時代の体験として）

Column 4

ワークショップ：「問題の外在化」を磨く

［インストラクション①］あまり知らない人同士で，4〜6人組を作り，輪になって座ってください。クライエント役（自分の問題を語る人）を一人決めて，その人をAさんとします。グループの残りの人たちはカウンセラー役です。

［インストラクション②］Aさんは，自分がその問題（性癖，症状，習慣，行動，思考，感情など）によって，どんなに困らされているか，不都合をこうむっているかについて，話してください。自分は本当にそうしたくないのに，そうなってしまうという自我違和的な問題について話してください（約5分間）。

［インストラクション③］はい，止めてください。残りのグループの人たちで話し合って，Aさんのその問題に，何か**ニックネーム**を付けてください。Aさんは，そのニックネームが自分の問題にフィットするかどうかを吟味して，これだと思うニックネームが付くように話し合ってください。
（講師が，グループごとに問題とニックネームを聞き，フィットしているかを確認してもよいでしょう。多くはここで爆笑に包まれます。）

［インストラクション④］ニックネームのそいつに対して，これからどう対抗していったら良いかについて，グループで力を合わせて名案を考えてください。「そいつの苦手なものと好物は何か？」「今まで，うまくいった方法（例外）は？」「そのときは何故うまくいったの？　どうやったの？」。また逆に，そいつのおかげで良かったこともあるのかについても確認してください。

［インストラクション⑤］それでは，各グループのAさんに聞きます。今の「問題の外在化」による話し合いで，その問題について少しでも解決の方向に向かったと感じられた人は？（何人かのAさんに感想を述べてもらう）では，今の体験について，各グループで気づいたことなど話し合ってみてください。

※継続する場合は，［インストラクション⑥］として，同じグループの中で，役割を交代して①〜⑤の手順で同じことを行うよう指示します。

［インストラクション⑦］各グループのフィードバックをしてください。そして全体でふりかえりをしましょう。

5th Stage

ピア（仲間）の力を有効利用する

大人がいくらがんばっても，
子どもの世界のすべてに手が届くわけではありません。
子どもの力をもっと活かしましょう。
「ピアサポート」は子どもたち同士が
援助の人的資源となる活動です。

5th Stage

Lesson 16
もめごと解決作戦（ピアサポートⅠ）

5th Stage では，子どものもめごとを，子ども同士の力を活かして解決させていく実際を示し，その意義（ピアサポートの視点）を学びます。

Introduction

　子どもたちは，保護され養育されるべきものですが，しかし子どもたちは無力な存在ではありません。先生や親として，子どもたちの持つ力に助けられ，教えられることは少なくないはずですし，スクールカウンセラーをしていると，そういう経験は本当に多いものです。もし，子どもたちには解決能力など十分に備わっていないし，大人が指導・介入しない限りろくなことにならないと思う方がいるなら，それは残念なことです。もちろん，子どもたちに力があるからといって，彼らを放任しておけば良いというわけではありません。子どもたち同士の力を活かし耕し，使えるようにするかかわりが私たち大人の仕事です。

　河合隼雄（1997）は，「子どもの世界は，それなりの広がりを持っており，大人が簡単に理解したり，支配できるものではない」と述べています。たとえば「『いじめ絶対反対』という態度が，子どもの行動を規制したり，支配したりする方に偏って硬直していくと，子どもたちの固有の世界を壊すことになる危険性がある」として，それを自覚する必要を指摘しています。また「多くの家族療法家は，子どもたちの家族療法への参加が重要であると信じているにもかかわらず，ほとんど子どもたちと話すことはなく，話さなくても彼らのニーズなどわかっていると思い込んでいる」との報告もあります。私たち（カウン

セラー，教師，親）には，「子どもを活かす会話を主催する良きホスト」となる責任があるといえます。

　Lesson 16は，子どもたち自身のユニークな力を活かして解決を手に入れる，話し合いの実際を学び，ピアサポートの意義につなげます。

Case

入学後，まもなく生じた中１・P組でのいじめ

　中学１年P組で，入学まもなく発生したいじめについて，A子とB子が一緒にスクールカウンセラー（相談担当）のところに相談にやってきた。C子がクラスの子たちから無視され，いつも一緒にいるD子も悪口を言われているとのこと。B子が「C子たちがかわいそうよ」と肩を持つと，B子まで無視された。B子自身は「私は赤レンジャー（元気な正義の味方）だから，気にしないし大丈夫だよ」と述べたが，A子は，自分たちまでいじめられないかと心配していた。いじめる側の中心的存在であるX子は，派手で目立つ存在であり，クラスを仕切り，人の注目を引こうとする言動が多く見られた。担任は，職員間でも信頼の厚いベテラン教師であったが，入学まもない時期で，このようないじめの発生の兆候には気づいていなかった。

Question & Work

(1) A子とB子に，まず，何を伝えますか？

(2) 続いて，どのような質問をしますか？

(3) 担任に対しては，どのような対応をしますか？

ここで一句　もめごと解決作戦　子どもの力で　発案実行
同世代の仲間には素晴らしい援助力が備わっています。

Answer

！かかわり方のヒント！ 子ども同士のもめごとやいじめに類する言動は，早期の段階では大人の目には触れません。子どもから相談があった場合，その来談をほめ，それがどうなればいいと思うかを問うことから始めます。

(1) A子とB子に，まず，何を伝えますか？

　まず，このような自主的な相談があった場合，必ず相談に来てくれた行動についてほめます（あるいは，ねぎらう，励ます）。これを決して欠かしてはいけません。クラス内でのいじめを，傍観者にならずに相談に来てくれたことは，この生徒たちの持つさまざまな素晴らしい力を示唆しています。それをきちんと伝えて，認めてあげることで，彼女たちの力（リソース）を押し広げるきっかけづくりができます。ここで2人のリソースを，どれぐらい見つけられますか？

　①勇気がある，②友人思いである，③正義感がある，④助け合う気持ちがある，⑤人を信頼できる，⑥素直で正直である，⑦良いクラスをつくろうとしている，などです。本人たちにすべてを伝えなくとも，指導・援助者であれば，これらが即座に思い浮かぶようになる必要があります。

　子どもにはこんなに多くの力があるにもかかわらず，とくに「いじめ」という状況の場合，大人が一方的に介入し支配してしまいがちです。ときには，このように自主的に相談に来てくれた子どもたちまで，ほめられるどころか，いきなり詰問されるような状況になることも稀ではありません。

(2) 続いて，どのような質問をしますか？

アドバイス

・子どもからの相談は，まず，相談に来てくれたことを十分にほめる

・子どもの自主的行動は，リソースの宝庫

〈子ども自身による解決への導き〉

a) 自発的行動（相談）をほめる，ねぎらう
　　↓
b) その行動からリソースを多く見つけ，子どもに伝える（子ども自身による解決への底力となる）
　　↓

Lesson 16●もめごと解決作戦（ピアサポートⅠ）

　まず，彼女たちがどうなればいいと思っているのかを扱う質問をします。ここでは，B子は大丈夫と言ったのに対して，A子はいじめられることを心配していました。そこで，2人に「どうなったら安心できるの？」と質問しました。

　それに対し2人は「X子がC子を無視しないで，その周囲の人たちも変わったらいい」と答えました。そこで「そうしたら，何が最初に違っていると思う？」と質問しました。2人は，「通学途中で誰かが（悪口ではなく）別の話をしてる」と答えました。カウンセラー（以後，Co）が「ふ〜ん，誰がしそう？」と尋ねると，「私たち，今黙っているけど……私たちから，別の話してみようか？」と，解決策を示唆する答えが出てきました。Coが「いつごろやってみる？」と問うと，「明日の朝」との答えでした。名付けて"広がるいじめを食い止めろ！作戦"が，子ども自身によって発案され開始されることになりました。

(3)担任に対しては，どのような対応をしますか？

　数日後，この2人の作戦の実行は，別の話題を出すタイミングが難しく，あまり効果的ではなかったと報告されました。次の作戦を問うと，「味方を増やせばうまくいきそう」との答えでした。

　そこで，その強力な味方に担任を加え，事情を話して良い形で協力してもらうことを提案し，その承諾を得ました。

c)「どうなればいいの？」：子ども自身に問うことで，解決策の発案を得る
↓
d)「そうなったら，何が最初に違っているの？」「誰がしそう？」：発案が具体性を持つように問いかけ，支える
↓
e)「いつする？」：解決策が実行されることを支える
↓
f) フォローアップし，より良い解決策を見つけられるよう援助する
↓
g) 子どもの力で限界のあることは，大人（教師）の力を貸す

Key Point
- もめごとやいじめの相談は，相談行為をまずほめる。その行為はリソースの宝庫である
- 子ども同士のことは，子どもが解決策を見出せる質問を繰り返す
- 教師への情報提供は，いじめの程度により緊急度を判断する

Exercise

　ここで紹介した事例では，子どもたち自身が，入学後まもなく起こったいじめを何とか解決したいと思い，動き出しました。そして，自分たちの力による"広がるいじめを食い止めろ！作戦"がスタートすることになりました。

〈PART Ⅰ〉子どもの持つ援助力
　教師（援助者や親）として，子どもたちに助けられたことに，どんなことがありましたか？　その助けられた経験を思い出してください。
　(1)それは，どんなことだったのでしょうか？
　_____
　(2)そこでは，子どものどんな力が発揮されたのでしょうか？
　_____

〈PART Ⅱ〉子ども同士での問題解決力
A．教師（援助者や親）として，子ども同士の力で，問題が解決した経験を思い出してください。
　(1)それは，どんなことだったのでしょうか？
　_____
　(2)それは，大人が介入するより，どんな点で良かったのでしょうか？
　_____
　(3)そこでは，子どものどんな力（リソース）が発揮されたのでしょうか？
　_____
　(4)子どもはそこで，どんな方法（手段）を使ったのでしょうか？
　_____
　(5)そこで大人が果たした役割があるとすれば，それは何でしょうか？
　_____
　(6)その経験を通して何を得，その後にどう役立っているでしょうか？
　_____

Lesson 16●もめごと解決作戦（ピアサポートⅠ）

B．自分自身の子ども時代の体験として，大人の力を借りずに問題が解決した経験を思い出してください。

(1)それは，どんなことだったのでしょうか？
_____

(2)それは，大人が介入するより，どんな点で良かったのでしょうか？
_____

(3)そこでは，自分たちのどんな力（や方法）が使われたのでしょうか？
_____

(4)その経験を通して，自分たち子どもはどんなものを得たでしょうか？
_____

〈PART Ⅲ〉解決作戦シミュレーション・ゲーム

①Ｂ４サイズの画用紙を横に使い，すごろくの要領で左側から右方向に進める。まず，相談事や問題を話し合って明らかにする。②初めのマス「どうしたいの？」からスタート。そこにまず答えを書く。③矢印（⇒）で次のマス「それから？」に行き，どうなるかの答えを書く。④矢印（⇒）で，また次のマスに行き，「そうなると？」「それには？」と続いていく。そうなるとどうなるか，それにはどうするかを書き進む。

マスや矢印を，イラストやデザインで装飾し（コラージュにするのも楽しい），何通りもの版を作っておくのがお勧めです。小・中学生との相談や面談場面で使うと効果的です。子どもたち同士でも十分できます。

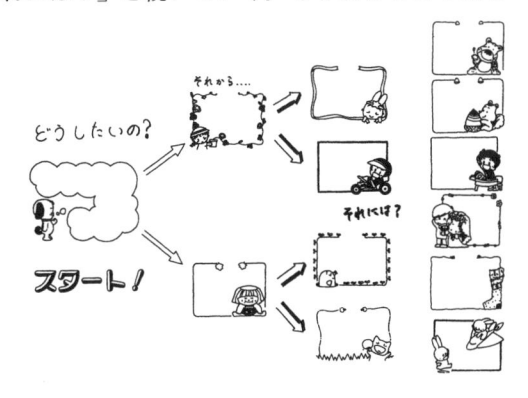

解決作戦シミュレーション・ゲームのデザイン
（石川県の中川みほこ先生のご発案です）

Lecture

☞ **ふりかえってみよう** ☞ 子どもたちの言うことをできる限りよく聴き，大人の常識とは違う解決を導くかもしれない彼らのユニークな知識，それを尊重することである（カナダの児童心理臨床家，J.チャン）。

担任への協力依頼は，Coから次のように行いました。①いじめの現状を説明し，A子・B子2人に活躍してもらう方法を提案する，②「担任から見たX子の様子は？」，③「X子の言動は，担任の経験から見て，どんなメッセージと感じられるか？」，④「X子に役に立つ対応は？」，⑤「そのなかで担任にできそうなことは？」，⑥担任にできることをやってもらいつつ，子どもたちに解決をできる限り任せ，それをモニターし，うまくいくように陰で支える。

担任は，X子の言動は自分を認めてもらいたいための自己主張がエスカレートした形ではないかと述べ，折にふれてX子の良い面を，担任としてうまくほめるように心がけることを約束しました。

3回目のA子とB子からの報告では，いじめ状況はあまり変わっていないが，協力をお願いした友人たちはわかってくれたとのこと。しかし，毅然としたB子に対し，X子らから悪口が出始めているとA子が心配したところ，B子は実はもうそれに耐えられないと泣き出し，自分からX子らに「いじめ」を糾弾する旨を言い出しました。CoとA子は，B子一人が犠牲になることはないと話し，Coが「味方を増やす作戦はあとどうしたらいい？」と問うと，A子から「もっと人数を集めて，クラスみんなの前で『やめなよ！』と言

ポイント

・担任へのコンサルテーションのポイント
↓
状況と情報を確認し，担任の立場でやれることを明らかにし，役割分担できるよう提案する

・いじめっ子であっても，ほめられたいニーズをもっている

・作戦が行きづまったら，「あと，もっとどうしたらいいか？」を問う

Lesson 16●もめごと解決作戦（ピアサポートⅠ）

う」「協力してくれそうな人たちを選んでお願いする」と，さらなる解決案が出てきました。

　4回目の報告では，今度はいじめられている当事者のC子，D子らがやってきて，自分たちを無視しない人が増えてきた，X子が授業で手伝ってくれたなど，良い変化や「例外」が報告されました。Coの，「どうなればいい？」の問いに，それぞれが「今は無視されるのが怖くて，自分から話しかけられない。仲良くなくても，ほどよく話せるようになればいい」と答えたため，「ほどよくの状態を10とすると今は何点？」とC子に問うと「6」とのこと。「7の状態は？」に対し，「1日に1〜2回睨まれなくなればいい」。「工夫はある？」と問うと「必要以外近づかない，お礼はちゃんと言う」と解決策（短期目標）が見つけられました。D子は今を4と答え，「それが5になるためには？」に対し，「私がX子グループに話しかけたときに返事があればいい」と答え，「返事してくれるときもあるの？」と問うと，「Y子さんが時々……」と。「どんなとき？」に対し，「Y子さんが別のグループのE子さんと話しているとき……あぁ，もっとそれをやってみよう」と，これも解決策が見つかりました。

　5回目の報告では，X子らとうまく話せた方法が報告され，6回目には，X子らのグループが周囲の忠告に耐えられず自然解体したことが報告されました。

・「What's better?」
→2回目以降は，良い変化や「例外」の存在を確認する

・「スケーリング・クエスチョン」（Lesson 6 参照）を使って，解決策（短期目標）を見つける
↓
a)「0（最悪）から10（ほどよく）までの尺度で今の状態は，いくつ？」
↓
b)「それが，あと1上がった状態とは？」「それが，あと1上がるためには？」

Homework

- あなたにとって，人に話すのが嫌だと思う秘密を思い浮かべてみてください
- どうしても話さなければならないなら，誰に話せるでしょうか？

【謝辞】P組の事例は，浅沼志帆，古谷智美，両Coとの協同実践によるものです。お礼申し上げます。

5th Stage

Lesson 17
仲間は援助の人的資源（ピアサポートⅡ）

今回は，子どもたちが仲間を援助する人的資源になることを目指すピアサポート・プログラムを紹介します。

Introduction

　学校において，圧倒的大多数の子どもたちは，先生方をてこずらせるような特別に問題とされる子どもたちでもなく，かといって校内で華々しく活躍するいわゆる優等生でもない，ごく一般的と見られる子どもたちです。良くも悪くも目立つ子どもたちは，結果的に先生方からよく目をかけられています。両者にくらべ一般的な大多数の子どもたちが何を悩み，どのように日々感じているのかについては，十分に心配りがなされていません。そのため，彼らは，大過なく過ごしているという認識にとどまるでしょう。

　ところが，相談室の敷居を低くしておくと，そのような子どもたちのなかに，予想以上にシビアな問題や援助を必要とする悩みが存在することによく驚かされます。またそれは，その友人から持ち込まれ，語られることも少なくありません。

　子どもたちは，人間関係が希薄になったといわれる今日であっても，何よりもまず友だちに悩みを打ち明けています。しかし彼らの悩みや問題は，先生方には意外だといわれることが多いのです。筆者は，そのような子どもたちの層を「グレーゾーン」あるいは「語らない大多数（サイレント・マジョリティ）」と呼んでいます。彼らに手を届かせるために，どんなスクールカウンセリング活動（プログラム）を展開することが役に立つのでしょうか。Lesson 16で

は，ピア（同世代の仲間）には素晴らしい援助力があることを学びました。このLesson 17では，ピアサポート・プログラムを紹介します。

Case

いじめを受けていると泣いて告白した中1のQ子

(a)中学1年生のQ子は，級友2人（A子とB子）とともに3人でスクールカウンセラー（相談室）を訪れ，誰が先に話すか互いに突き合っていたが，「実はクラスにいじめがあるんです」とQ子から切り出した。実際にはQ子自身がいじめの標的にされており，ムカツクと言われ，集団無視をされているが，先生には言い出せないと語った。Q子は自分がいじめられていることを話し始めると，せきを切ったように泣き出し，言葉にならなくなった。

(b)Q子は話しながら「自分で自分が嫌。全部嫌い」と言い出した。

Question & Work

(a)(1)来談した3人の生徒にまず何を伝えますか？

(2)続いて，A子とB子に，まずどんな依頼をしますか？

(3)次に，A子とB子に，どんな質問をしますか？

(b)(1)それに対し，誰に，どんな質問をしますか？

(2)最後に，A子とB子に，どんな依頼をしますか？

ここで一句　君の良い面　私が知ってる　ピアサポート

仲間から認められることは，何よりも力になります。

Answer

！かかわり方のヒント！ ピアサポート（同世代の仲間による支援）は、子どもたちが他の人を思いやることを学ぶための一つの方法であり、相互に、仲間の良さを認め、仲間が持つ対処法を知り合うことが役立ちます。

(a)(1) 3人の生徒にまず何を伝えますか？

まず、Lesson 16の復習です。このような自主的な相談があった場合、必ず相談に来てくれた行動についてほめます（あるいは、ねぎらう、励ます）。いかなる場合もここからスタートです。このケースのような場合はほめやすいのですが、たとえしぶしぶの来談だったり、文句を言いに来た場合であっても、とにかく来てくれたことをねぎらうことは関係づくりのうえで、欠かしてはならない大切なポイントです。

(2) A子とB子に、まずどんな依頼をしますか？

泣いているQ子の代わりに状況を話してくれるように頼みます。相談に同伴した子どもたちは、本人（Q子）の力になりたいと考えています。それをうまく引き出し、効果的な話し合いができるように手伝ってもらいます。また、状況を知るうえで、周囲の友人からの情報は貴重なものです。友人たちは、Q子が無視や陰口を言われていることを説明してくれました。

(3) 次に、A子とB子に、どんな質問をしますか？

「そのようなとき、A子やB子なら、どんなふうに切りぬけるかしら？」。ここでは、友人たちの対処方法を質問します。大人からの指導や提案ではなく、同世代の仲間が自分ならこうすると述べる対処法は、行きづまっている本人のものとは異なる対処法であり、

アドバイス

・子どもからの相談は、まず、相談に来てくれたことを十分にほめる(Lesson16参照)

・友人同伴の相談は、できるだけ友人の力を活かす
↓
ピアサポートにつなげる

・仲間に状況説明／情報提供をしてもらう

本人にとってより現実的で身近な対処法のオプションとなる可能性が高いのです。つまり，この場面で本人がその対処法に同意しなくても，本人の心のなか（ときには前意識のなか）に可能性のある対処法の一つとして残ることが期待できるわけです。友人たちは，自分たちなら「無視し返す！」と答えました。しかしＱ子は，「それができない自分が嫌，自分に自信がない」と答えたわけです。

(b)(1) それに対し，誰に，どんな質問をしますか？

Ａ子やＢ子に対して，「Ｑ子がどんな良いところを持っているか？」を問います。友人らは「Ｑ子はやさしくて，みんなが嫌がることを率先してやる勇気がある」と，具体例を挙げて答えてくれました。Ｑ子は驚き否定しようとしましたが，筆者がＱ子に「友だちの言葉を信じない人？」と問うと，Ｑ子は「信じない人じゃない」と述べました（自分に勇気があると認めたことになります）。「誰もが自分自身の人生の主人公なのです。自分を大切にしなくてはね」と伝えると，Ｑ子は友人とともにうなずきました。

(2) 最後に，Ａ子とＢ子に，どんな依頼をしますか？

相談室を出た後，およびその後の，Ｑ子へのケアを依頼します。ここでは，まず激しく泣いたＱ子が顔を洗えるように手伝い，落ち着くまで付き添ってケアしてあげること，またお互いに話し合って，必要があればまた来談することを，友人らに依頼しました。

- 仲間の対処法を教えてもらう
⇒ 具体的で身近な対処法のオプションを増やす（本人へのその対処法の指導ではない）
⇒ 「（自分はこうするが）あなたはどうするのが良さそう？」というスタンスが大切

- 本人の良いところを仲間から教えてもらう
⇒ 仲間のほうが本人の良いところをよく知っている
⇒ 子どもは仲間の言葉を，より信じようとする

- その後のケアやフォローアップを依頼する
⇒ 仲間同士でサポートする
⇒ 仲間同士で状態をモニターする

Key Point

- ピアサポートとは，同世代の仲間による支援である
- ピアサポートとは，子どもたちが他の生徒を助ける人的資源になれるように支援するプログラムでもある
- ピアサポートは，子どもたちが他の人を思いやることを学ぶための一つの方法である

Exercise

「ピアサポート・プログラム」は，子どもたちが他の生徒を援助する人的資源になれるように支援するものです。仲間をケアする模範が広がることで，思いやりに満ちた学校風土を育成しようとするものです。実際，プログラムは北米を中心に，小・中・高・大の学校それぞれに導入され，効果を上げています。これは全校レベルの年度計画に基づくプログラムであり，学校の実情とニーズにより異なります。英国の実践（生徒によるいじめ追放の学校プログラム）が紹介されて以来，わが国の学校でも取り組まれ始めています。

今回は，筆者がアレンジした，大人にも有効なピアサポート／相談援助の基本姿勢を学ぶ入門ワークと，「問題解決のスキル」を学ぶ実践ワークを紹介します。実際にはもっと多くのトレーニングが子どもたちに必要です。

〈PART Ⅰ〉入門ワーク：ピアサポートの基本姿勢

A．ピアサポーター（相談援助者）の資質とは何か？

1）①と②を心のなかで考えてから，③に答えてみてください。

①自分が人に話すのが嫌だと思う秘密を思い浮かべてみてください。

②どうしても話さなければならないとすれば，誰になら話せるでしょうか？

③どうしてその人を選んだのか考えてみて，その人の資質は何でしょうか？

2）③の答えをグループごとに話し合い，発表し合って，その資質を列記し，確認し合います（思いやりがある，人をけなさない，秘密を守る……等）。

B．聞き方：アイコンタクト・姿勢・態度

1）2人組を作る。以下の①〜⑦の異なった角度から相手と視線を合わす（アイコンタクト）ワークを行う。それぞれの視線から受け取る情緒的メッセージがどんなものかを体験する。役割を交代し，終了後感想を話し合う。

①真正面，②横目使い，③上目使い，④アゴをつき上げ鼻越しに見る，⑤立って上から見下ろす，⑥しゃがんで下から見上げる，⑦はすに斜め下から見る。

2）2人組を作り，ピアサポーター（PS）役とクライエント（CL）役を決

め,ロールプレイを行う。相談内容は,先生／友人から意地悪される話など。
　以下の①～③の PS を演じ,役割を交代し,終了後感想を話し合う。
　①「気の乗らない」PS　あくび,よそ見,爪をいじる,CL を見ない
　②「威嚇的な」PS　話をさえぎる,指を指して意見する,険しい表情
　③「前向きな」PS　CL を見る,体全体で向き合い開いた姿勢,うなずく

〈**PART Ⅱ**〉実践ワーク：問題解決のスキル
　3人組を作り,PS,CL,観察者の役に分かれ,学校場面でよくあるもめごと（友人からのいじめ,部活での失敗,親友との喧嘩,先生からの叱責等）をCL が相談するロールプレイを行い,PS は以下の6ステップに沿って話を聞く。終了後,観察者は2人にフィードバックし,感想を話し合う。
1）合わせる：傾聴し,事実確認の質問をする。相手の気持ちや考えを理解する。「なるほど」「もう少し教えてくれる？」「それはこういうこと？」。
2）「リソース」や「例外」を見つけ,ほめる：「何が得意なの？」「誰とお友だち？」「何が好き？」「どこが良いところ？」「今まででうまくいったことは？」「大変ななかでもがんばれたことは？」「あなたの～な面がとても素敵だと思う」「すごいね！」「よくやっているよね」。
3）ゴールや選択肢の検討：ゴールについて話し合い,解決策を列挙する。「どうなっていればいいの？」「どうなってほしい？」「そのためにはまず何をすればいいかな？」「それに関して,何ができると思う？」。
4）解決策の精練（利点と欠点の確認）：「そうなったら,何がまず違っている？」「もし,そうしたら何が起きると思う？」「それよりももっと身近にやれることは？」「実際にやれる？」「どれが一番良さそう？」。
5）計画を立て,行動に移す：「そうすると決めたけど,いつから実行する？」
6）結果の評価：後日,取られた行動の結果を話し合う。「その後,どうなったの？」「少しでもうまくいったことは？」。

Lecture

☞**ふりかえってみよう**☞　ピアサポートは，子どもたちは悩みを抱えたり，困ったとき，自分の友だちに相談することがもっとも多いという事実に基づいたもので，その力を活かすものです。

　1週間後，Q子とA子は，にこやかな表情で来室しました。Q子は「いじめる子たちに，こちらから無視できるようになってきたら，気にならなくなってきた」と報告し，「何だか自分でも強くなったと思う」「いじめの相談を通してこうして親友もできた」と喜び，笑顔で退室していきました。数か月後，校内の作文発表会でQ子は「いじめについて」と題された作文を学級全員の前で読みました。

　「私は中学に入っていじめを受けました。無視されたり，悪口を言われたり……（略）でも相談にはなかなか行けずに悩んでいました。親に言うと，いじめた人の親と何か面倒なことになりそうで言えない。先生に言ったら，いじめた人に直接指導するし，それでまたいじめにあうと思うと言えない。思い切って友だちに相談しました。友だちの返事は，『やっぱりスクールカウンセラーに相談しなよ。私もついて行くからさ』（略）友だち2人がついてきてくれ，カウンセラーは相談に乗ってくれたけど，私は泣いてしまい，友だちが私の代わりに話してくれました。（略）そのときいじめた人とは，何となく仲直りできて良かったです。またその友だちとは深い絆で結ばれたように感じました。最後に私は感謝します。私の代わりにカウンセラーに話してくれ，なおかつ相談に乗ってくれた友

ポイント

・ピアサポートが機能した結果
　↓
a) 新しい対処法の獲得
b) 自我の強化（自立した行動）
c) 仲間との信頼関係の成立・深化

・親や先生には相談しづらい→友人になら相談できる

・子どもたちが他の生徒を援助する人的資源になれるように支援する

・仲間へのケアが相互に行われ，それが模範として子どもの手で示される場（学校）は良い風土へ変化する

だち。(略) 私の友だち，相談に乗ってくれた友だち，カウンセラー，そして学校。ありがとうございました」。

その後は，Q子がA子らの相談にも乗り，新学期に今度はA子の部活の悩みについて力を借りたいと2人が相談室にやってきました。筆者は「どうなっていればいいの？」などと若干の言葉をはさんだだけで，2人はお互いの力で話し合い，方向性を見出しました。

このように，子ども同士の力はすごいものです。Q子の作文に表現されている通り，Q子は「サイレント・マジョリティ」として悩みを抱えていましたが，ピアサポート（同世代の仲間による支援）によって，自信をつけ新たな対処法を身につけ，立ち直っていきました。来談もピアからの支援によって可能となったわけですが，相談室で行われたことはカウンセラーからの何らかの介入ではなく，むしろピアの存在を活かすことであり，実際に功を奏したのもピアの力でした。学校内での援助の手が，「サイレント・マジョリティ」に届くためには，ピアの力が必要であり，直接大人たちが何かする以上に，ピアによる支援が発揮されるほうが子どもたちを成長させます。

Q子らの場合は自然発生的ですが，このような力を組織的に校内に導入し育成するのが，「ピアサポート・プログラム」です。

・「サイレント・マジョリティ」への援助はピアサポートで

〈ピアサポート・プログラムの実施〉
a) ニーズ査定と目標の明確化
b) 管理職・教職員・保護者への説明と承諾
c) ピアサポーターの選定（生徒会など）
d) トレーニング（傾聴・問題解決・対立解消のスキル，守秘義務の知識など）
e) 校内でのサービス

Homework

- もめごとがこじれて仲直りできなかったことはありましたか？
- 仲直りできなかった要因は何だったのでしょうか？
- どんなことがあれば，仲直りできたでしょうか？

5th Stage

Lesson 18
「対立」の解消(ピア・メディエーション)

今回は,仲間同士による対立の解消(調停)を意味するピア・メディエーションを学びます。

Introduction

　学校現場での凶悪な「暴力」犯罪により,罪のない子どもたちの尊い命が奪われるという忌わしい事件は,すでに対岸の火事ではなく,わが国でも現実に発生してしまいました。米国のコロンバイン高校での銃乱射事件(15人もの命が奪われた)では,4か月の休校後,学校再開のときには,その学校を支援するあらゆる人たち(卒業生,関係者,地域の人々)が結集し,学校を人の輪で囲み在校生を迎えました。決して生徒たちは孤独ではなく,多くの人たちによって守られていることを伝え,励ますためでした。

　「暴力」は決して許されません。「いじめ」も,対象となる者(子ども)に一方的にダメージを与え続けるという点で「暴力」同様,許されない行為です。しかしながら,子どもはその発達過程のなかで,喧嘩をしたり対立をしたり,お互いにぶつかり合いながら成長していくことも事実です。「暴力」や「いじめ」と,「対立」は異なります。「暴力」や「いじめ」を恐れるあまり,子ども同士の「対立」もあってはならないものとして排除するならば,それは子どもたちの成長に役立ちません。「対立を排除する」のではなく,「対立を解く(解消する)」ことを子どもたちが体験的に学ぶことから,人生において質の高い人間関係を築く術,つまり「生きる力」が身につけられるのだと思います。

　Lesson 17のピアサポートによる問題解決に続き,この Lesson 18では,

Lesson 18●「対立」の解消（ピア・メディエーション）

「対立解消」（コンフリクト・リゾリューション）や「ピア・メディエーション（仲間による調停）」について学びます。

Case

お互いがいじめの被害者であると訴えたR子らの対立

中学1年生のR子らが，部活内でいじめにあっているという訴えで，相談室にやってきた。陰口を言われ，持ち物を隠されたりする被害があるが，相手は同部活内の同級生A子ら数人であると言う。数日後，今度はA子らから相談依頼があり，練習をまじめにやらず，部の運営に不平ばかり示すR子らへの対応に困っていると言う。そのうえ，R子らはA子らからいじめられているかのようなことを周囲に吹聴しているが，それはむしろR子らからの逆いじめだと言う。

両者は別々に来室し，相手をけなし対立状況は深まるばかり。部活顧問からの情報では，双方に落ち度があり，喧嘩両成敗と考えて指導するのが妥当とのことだった。

Question & Work

(1) まずR子らとA子ら両者に，どのような話し合いの提案をしますか？

___

___

(2) 提案が受け入れられたら，どのような手順でその話し合いを進めますか？

① ___
② ___
③ ___

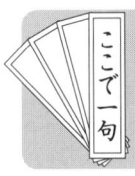

ここで一句　フェアに喧嘩　両方勝者で　「対立」解消

「対立」は自然なことで，排除ではなく，解消するものです。

Answer

！かかわり方のヒント！　「対立」は起こってもいいのだと理解することが，私たちにとってプラスになります。「対立は創造的でもありえる」という発想を子どもたちに伝えられるようになることが大切です。

(1) まず両者にどんな話し合いの提案をしますか？

自分たちの言い分を相手に伝えて話し合うために，両者が一堂に会する場所と時間を改めて設定することを提案します。この場合，カウンセラー（相談係）がメディエーター（調停者）となります。場所は相談室が適切ですが，時間は，両者が来られて，かつ中断せずに行えるときを調整します。双方が別々に相談室に来て，自分の正当性を主張し相手を非難することを繰り返しても，対立はエスカレートするだけで解決には至らないことを伝えます。なぜなら，今は両者とも，相手に思いやりを持てず，我を通すことしか眼中になく，自分たちがこの「対立」の勝者になりたい（相手を負かす）という考えしかない状態だからです。

同じ部活内で「対立」がいつまでも長引けば，活動にも支障が出てお互い利益はありません。このままいけば，部活顧問の先生などが介入し，喧嘩両成敗で両方が敗者で終わる（叱られる）可能性が高いこと，結果的に，表面的な仲直りはあっても，気持ちのうえで溝が深まり，解決にならないことを両者に示唆します。双方が相談室に来ているということは，（できれば顧問の教師を頼らずに）自分たちで何とかしたい思いがあるということです。それをほめて，解決への意思（合意）を確認します。自分たちの言い分を相手に

アドバイス

・両者の話し合いの場と時間の設定

・メディエーター（調停者）の設定

〈対立解消のヒント〉
「対立」は競争ではない
↓
ゲームや競争には勝ち負けがあるが，「対立」に勝敗はない
↓
［敗／敗］，［勝／敗］ではなく，［勝／勝］になる道がある

・子どもからの相談は，解決への意思や努力ととらえ，それをほめて励ます

Lesson 18●「対立」の解消（ピア・メディエーション）

言う場をつくるということは，裏返せば，相手の言い分を聞く場をつくるということになるわけです。

(2)どのような手順で話し合いを進めますか？

　①合意（同意）

(a)解決への努力をすることについて，両者が合意することを確認します。

(b)話し合いのルール（以下に例示）を提示し，ルールを守ることに合意することを確認します。

・互いの話を聞き，途中で割り込まない
・相手をあざけったり，おかしな反応をしない
・真実を話す
・もしも，この場で解決できなければ，顧問や担任など別の大人の力を借りる

意見の不一致が生じたら中断し，ルールの確認に戻ることを付け加えます（①〜③のどの段階でも同じ）。

　②傾聴

(a)一人ずつ問題について自分の側の話をします。

(b)互いに話を聴き合います。

(c)自分の話をする前に，必ず相手が言ったことを（繰り返しの手法を用いて）相手に伝えます。

　③解決［勝／勝］

(a)どちらかが解決策を思いついているか問います。

(b)効果があると思うものを一つ選んでもらいます。

(c)両者ともその解決策に同意するかを確認します。

〈メディエーション（調停）の手順〉

① 合意の形成
・解決への努力の合意
・ルールを守る合意
注）「ファウル」は許されない（ファウル＝話を聞かない，悪口を言う，見下す，言い訳を言う，仕返しをする，人のせいにする）。
↓
② 傾聴
・互いに自分の話をし，聴き合う
・自分の話の前に相手の言ったことを繰り返して伝える
↓
③ 解決
・解決策の発案を得る
・一つの解決案に両者で合意する

Key Point

・「対立」は自然なことであり，「対立」は創造的でもありえる
・「対立」は，排除するのではなく解消するもの，「対立」に勝敗はない
・「対立解消」の手順は，①ルールを守る，②傾聴，③解決策［勝／勝］の合意である

Exercise

「ピア・メディエーション（仲間による調停）」は，広義の「ピアサポート・プログラム」（Lesson 16, 17参照）の一環ですが，最近北米を中心に展開されているものです。ピア・メディエーターは，人ではなく問題点に注目し，プロセスに焦点をあて，調停のステップを進行させていく役割を担います。「対立」関係にある二者が，［勝／勝］の結果を得るためには，双方の怒りなどの感情をマネジメントできるようにする援助も必要となります。校内の実際のケースを扱うまでに，週2回5か月間の訓練を行うところもあるそうです。プログラム指導体制が確立されていなければ容易に実施できるものではありませんが，少なくとも私たち指導・援助者は，「対立」についての正しい理解と，それを解消するための知識や技術を持ち，その技術をもっと磨く必要があります。

今回は，ピア・メディエーション・トレーニングに採用されている，略式メディエーション（日常的，その場で行う）と本式メディエーション（照会されて設定される）の基本ステップを紹介します。とくに略式は児童・生徒にもわかりやすいものですから，学校や家庭でも利用できるようにしてください。実際は多くのトレーニング（ステップに沿ったロールプレイなど）が必要ですが，今回はまずそのステップを知ることに重点を置きます。

〈PART Ⅰ〉基本編：略式メディエーション（Answerの手順参照）
A．まず最初に「メディエーションが適切な状況か？」を確認します。
1）次の3つの質問に答えてみてください。全部が○になる必要があります。
　①誰が見てもはっきりと「対立」になっていますか？……………………○×
　②メディエーターが中立な人として当事者から見られていますか？……○×
　③全員がメディエーションをすることに同意していますか？……………○×
2）深刻な問題の場合，次の質問も○になる必要があります。
　①対立解消に十分な時間をみんなが割けますか？…………………………○×
　②メディエーションをする適切な場所を確保できますか？………………○×

B．アルの法則「AL's Formula」

A＝AGREE(合意)　話し合いすることに同意しますか？
L＝LISTEN(傾聴)　互いの意見を聞き合いますか？　順番を守りますか？
S＝SOLVE(解く)　解決法を検討して一つを選択しますか？

〈PART Ⅱ〉上級編：本式（照会）メディエーション

「アルの法則」を基礎にして，以下のステップを行います。

第1ステップ：開始（挨拶，調停の説明）――基本ルールの設定

1）開始：「こんにちは，メディエーターの○○です」「メディエーターに対してではなく，お互いが話し合えるように座ってください」「もめごとの解決への援助を望んでいますか？」「どちらかの肩を持ったり，良い悪いを決めたりしません」「目指すのは両者の［勝／勝］の解決への援助です」。

2）5つの基本ルール：「これら5つのルールに同意してくれますか？」。
　①互いの意見に耳を貸す，②人の話を中断しない，③気持ちを大切にする，④［勝／勝］の結果を求める，⑤守秘（口外しない）。

第2ステップ：問題解決

　①注意を向けて聴くスキル：FELOR (Face, Eye, Listen, Open, Relax)，②開かれた質問，③理解したことの繰り返し（パラフレーズ）と明確化，④選択肢と解決策を探る，⑤最良の解決策に合意する。

　「それぞれが言い分を話す機会を与えられます」「ルールを守って」「自分が話す前に，相手の言ったことをどこまで理解したかを言うようにしてください」「それでは，○○さんから始めてください」。

第3ステップ：［勝／勝］の合意とアクション・プラン，同意書を書く

　①話し合いをまとめる，②計画を立てる（誰が，いつ，何を），③記録，同意書への署名，④効果を評価するための会合の設定。

　「この同意条件は［勝／勝］になりましたね」「同意書にサインを」「その後の状態を確認するための会合を後で持つこともあります」「何か疑問点は？」。

Lecture

☞ふりかえってみよう☞ 学校内の「対立」は必然的に起きるもので，その除去は不可能であり，また望ましくもない。創造的な「対立解消法」は，「対立」に効果的，建設的に対応できるよう援助するものである（W. クライドラー）。

　R子らとA子らは，話し合いに合意しました。メディエーター（筆者）は，両者に対しルールを提示し，順番に話をし，相手の話を遮らずにきちんと聞いて理解するように促しました。相手を理解するにはまず聴くことから始めなければなりません。同じ聴くでも反論するためと相手を理解するためとでは異なります。

　そのため自分の話の前に，相手の話を「〜ということなんだね」と繰り返して相手に伝えるというルールが有効です。これは，カウンセリングの基本技法である「パラフレーズ」です。筆者の場合，両者の発言のたびに公平に，「……だから，〜という気持ちだったのね」と表現して「明確化」を手伝いました。このような手順を踏むことで，事実に照らして双方の誤解が解け，相互に傷つくことがあり辛かったこと（気持ち）や，部活をもっと楽しい場にし，実力も向上させたいこと（考え）が理解でき，その思いは共通していることがわかりました。お互い傷つけたことを謝り，部活の改善点を両者で合意して，握手をして終わりました。［勝／勝］ゴール達成です。両者がうまくいっているかは，後日確認することを伝えました。

　一般に「対立」場面では次のような台詞を多く耳にします。「やれるもんなら，やってみろ」「そっちが悪いんだから，こっちのやり方に従え」「目には目を」

ポイント

・カウンセリングとメディエーションは異なる
　↓
メディエーションはプロセスがステップごとに進んでいるかに注目する（人ではなく，問題点に焦点をあてる）

・話し合いとは，聴き合いを指す
　↓
「パラフレーズ」
「明確化」

・解決策は，共通のニーズを手がかりにする
　↓
［勝／勝］のゴール
　↓
「対立解消」への援助

Lesson 18●「対立」の解消（ピア・メディエーション）

「あとで復讐してやる」「覚えてろよ！」……。単純な台詞で「対立」を終わらせようとすることは，日常茶飯，大人も含めて行われています。これは相手を負かして終わりにする［勝／敗］のシナリオです。

　子どもたちに，「対立解消」の力がないのではなく，私たち大人に「対立」への理解や「対立解消」への知識と技術が十分に備わっていないのです。子どもたちは，「対立解消」モデルのシナリオを手にしていないだけだともいえます。

　実際，学校での「対立」に対する教師の介入の多くは，「対立」自体がいけないとして「対立排除」がゴールになります。この場合両者とも敗者として指導され，子ども同士によって合意された（両者のニーズに合った，両者が勝者となる）解決策を得ることはゴールとされません。あるいは両者を話し合わせたいと考えて，双方の子どもたちを呼び，相手に言いたいことを伝えるように指導することもあります。しかし明確なルールの提示と［勝／勝］ゴールの発想がないため，子どもたちは［勝／敗］決定をゴールとしてしまい，言い争った結果「対立」は一層深まることになります。このような失敗から，やはり「対立」は排除すべきものと誤解されるわけです。

　「対立解消」への援助には，ルールの提示と［勝／勝］の発想が不可欠です。

・［勝／敗］のゴール
　↓
日常的シナリオ
　↓
他のシナリオがない
　↓
「対立」の持続

・「対立排除」の指導
　↓
［敗／敗］のゴール
　↓
・陰での「対立」の増加
・対人関係スキルの無学習（スキルの低下）

〈対立解消への援助〉
　↓
・ルール（3ステップ）の提示と合意
・［勝／勝］ゴール

Homework
・子どもとの「約束」で，子どもが守れなかったことはどんなことですか？
・子どもとの「約束」で大切なことはなんでしょうか？

※ Lesson16〜18の内容は，筆者がピアサポート・ファシリテーターのトレーニング（カナダ NGO ピアリソース）で得た知識・技術を基礎にしています。

Column 5 ケルシー高校における生徒主導のピアサポート・プロジェクト

　2002年3月下旬，カナダでピアサポート（PS）のファシリテーター研修に参加するためビクトリアに滞在し，PS活動が盛んで80人ものピアサポーターを擁するケルシー高校を訪問するチャンスに恵まれました（カナダでのPSプログラム普及率は，小学校で50％以上，中学や高校で35％，大学は90％以上です）。

　まず，ピアサポーターたちによる学校案内から，自分たちが自分たちの学校を支えているという彼らの誇りを強く感じました。この高校は選択授業の一つとしてPSプログラムを取ることができ，授業の見学も歓迎されました。20年間PSを実践しているカウンセラーのローズ先生の（薔薇のような笑顔の）もと，生徒たちは，その高校に入学してくる年少学校生のために，グループでの学校訪問準備に追われていました。高校生活への質問カードをカテゴリーに分け，答えを整理し担当者を決めるグループ活動を活発に行っていました。また，以下はピアサポーターたちの自発的プロジェクトの一部ですが，「彼らは活動に費やす時間だけでなく，熱意や関心，同年代の友人に時には反対意見を言わねばならない勇気も持ち合わせている」ローズ先生の言葉が心に深く残りました。

　「**シークレット・バディ（秘密の友だち）・プロジェクト**」：一人ぼっちの生徒を見つけて，挨拶したり目を合わせたり手を振ったりして，学校の中に温かい存在がいることを表現し，だんだんに親しい友だちになり，彼らに自信をもってもらう。

　「**ビー・ア・バディ（友だちだよ）プロジェクト**」：校内にいる留学生と仲良くし，パーティーを開く，勉強を見るなどの活動を通して歓迎を伝え，みんなのなかに受け入れる。

　「**モスト・キッズ・ドント（ほとんどの子はしないよ）プロジェクト**」：保健師さんの支援を受け，地域の小学5年生の学級で禁煙活動をする。カナダでは法律的には16歳から喫煙できるが，お金にも身体にもマイナスであることを伝え，モラルモデルになる。

　「**プロジェクト"SAVE"（いつでも暴力に反対する生徒たち）**」：年少学校に行って，暴力防止のための話や劇をして，楽しく学んでもらう。現在10人で活動しているが，ある団体から活動支援のために16,000ドルの奨学金を授与された。

6th Stage

人間関係のコツを
マスターする

人間関係は難しいと言われますが,
多少のコツをつかむことで,
驚くほど楽にうまくやれる場合があります。
「危険なコミュニケーション」「仲間関係の発達段階」
「対人的位置と距離」
ご用とお急ぎの方は,なおさらお立ち寄りください。

6th Stage

Lesson 19
危険なコミュニケーション

6th Stageは，複雑な（巧妙な）からくりをもつ「危険なコミュニケーション」について，一緒に考えます。

Introduction

　携帯電話，インターネット，電子メールが普及し，気がつけば私たちの生活になくてはならないものになっています。情報は今までの一方的に与えられる形態から，インタラクティブ（双方向性）に変化し，地球規模での情報交換が容易にできる時代になりました。しかし便利な反面，あふれる情報をどう扱い，どうコントロールするかは難しい問題でもあります。コミュニケーションの手段として，今まで人類が持ったことのない道具（ツール）が台頭してきたわけです。このような高度情報化社会であるからこそ，人と人とのコミュニケーション（親と子，あるいは教師と子どもたちとの）をもう一度見直し，それをもっと取り戻す必要性が強調されます。確かにコミュニケーションは重要です。しかし，何でもコミュニケーションを頻繁に交わせば良いかというと，必ずしもそうではありません。情報と同様に，数が多くなればなるほど，かえって問題を生むコミュニケーションもあります。意外なことに，それが深い愛情，あるいは熱心な指導に由来するコミュニケーションであるほど，そこには危険な落とし穴が潜んでいます。

　5th Stage, Lesson 16〜18 では，ピアサポートやピア・メディエーションといった，仲間同士が支援し合うのに有効なコミュニケーションスキルを学びました。6th Stage, Lesson 19では，私たち大人が日常生活のなかで行いがち

な「危険なコミュニケーション」について学びます。

Case

母親が一緒にいないと不安で登校できない小1のＳ男

　小学1年生のＳ男は，入学2日目から登校を渋り始めた。母親が無理やり行かせようとすると，激しい夜泣きが出現し，登校拒否の状態が続いた。5月中旬ごろからは，母親が一緒に登校し保健室で一日中待っていれば，登校できるようになった。Ｓ男は母親が学校にいれば安心し，元気に過ごしているが，母親から「今日は学校には一緒に行くけど，用事があるから○時間目で帰るね」と言われると，その時間の前に「帰っちゃうかもしれない」と不安になり，すぐ保健室に戻ってきて授業に出られなくなる。母親は「最後までちゃんと出るって約束したでしょ。なぜ約束を守れないの？」と，すぐＳ男を責めてしまう。約束を守れないときには，押し入れに入れたりもした。Ｓ男には，帰宅したらまず宿題をやる，毎日犬の散歩をするなど，たくさんの約束がある。

Question & Work

(1) どうしてＳ男は約束を守れないのでしょうか？

_____

_____

(2) Ｓ男の母親のいう約束は，言い換えれば何にあたるでしょうか？

_____

_____

(3) Ｓ男の母親は，約束と言わないで，どうＳ男に話せばいいでしょうか？

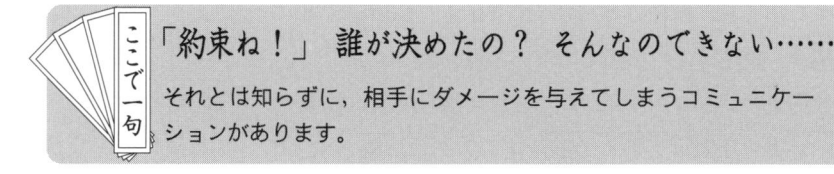

_____

_____

> ここで一句
>
> 「約束ね！」誰が決めたの？ そんなのできない……
> 　それとは知らずに，相手にダメージを与えてしまうコミュニケーションがあります。

Answer

！かかわり方のヒント！ 約束とは，双方の合意のもとに成立するものです。しかし支配的な力関係の中では，合意されていないことを約束と呼んで相手に強要し，相手を巧妙にコントロールする手段となることがあります。

(1)どうしてＳ男は約束を守れないのでしょうか？

理由として以下の５種類が挙げられるでしょう。

①Ｓ男自身の問題：意志が弱い，甘えている，不安が強い，責任感がない，理解力がない，などです。「Ｓ男は約束を守れない子どもだ」ととらえて，Ｓ男のなかに原因や問題があるとするものです。親（ときに教師）はこの発想を持ちやすく，子どもの性質に問題があるとして子どもを責めたり，罰を与えたりしがちです。

②親の問題：母親の過保護，過干渉，しつけの行き過ぎなど，母親側の養育の不適切さを理由にする，あるいは父親の権威のなさ，甘やかし，放任など，父親側の理由も推測できます。また両親の見解の不一致，不和など両親の問題とすることもできます。これは，一般に教師や相談員などが取りやすい見解です。

③親子関係の問題：母子分離不安，母子共生関係など，カウンセラーなどの専門家が臨床心理学的な枠組みで，その現象をとらえそれを説明するものです。

④学校関係者の問題：担任や養護教諭の対応を問題にすることも，場合によってはできます。しかしＳ男の場合，理由は学校要因ではないと思われます。

⑤約束というコミュニケーションに潜む問題：約束は，辞書によれば「種々の取り決め」です。確かに，

アドバイス

約束を守れない理由（仮説）は？
↓
①本人の問題
　（性格や能力）
②親の問題
　（養育態度や夫婦関係）
③親子関係の問題
　（母子分離不安などの臨床心理学的問題）
④学校関係者の問題
　（担任や養護教諭などの対応）
⑤コミュニケーションの問題
　（約束という言葉が適切に使われていない）

母親はＳ男との間で多くの取り決めをしています。しかし，約束とは，双方の合意の下に成立するものであり，そこで初めて，それを守る責任が双方に出てきます。Ｓ男に課された約束は，Ｓ男の合意の下に成立したものなのか，もしそうでないなら，守る，守らないという話以前に約束自体が成立していないことになります。それを守れなくて叱られるのは理不尽なことです。Ｓ男が守れない理由は，約束がＳ男の合意を得たものではないからだと考えられます。

(2)母親のいう約束は，言い換えれば何でしょうか？

　Ｓ男の母親がいう「約束」とは，「指示・命令」に当たります。母親がＳ男のやるべきことを「指示・命令」しているにもかかわらず，「約束」という言葉に置き換えることによって，Ｓ男に責任を発生させ「約束したのに守れないのはＳ男自身が悪い」という構造を巧みにつくっています。このような複雑なからくりを持つコミュニケーションをされれば，Ｓ男が混乱し不安になるのは無理もありません。

(3)約束と言わないで，どう話せばいいでしょうか？

　Ｓ男へ伝える内容が指示・命令であるのなら，指示・命令としてその文型で伝えます。あるいは指示する前にＳ男の気持ちや考えを質問します。少しでもうまくやれるためにどんなことが役に立つかについて尋ね，話し合うことも大切です。

〈複雑なコミュニケーションの例〉
・あいまいな合意による「約束」の適用
　↓
・「約束」の強要
　↓
・「指示・命令」に匹敵

〈安心なコミュニケーション〉
・コミュニケーションは単純にする
　（依頼と指示を混同しない）
・オープンな質問をする
・双方の合意を得る

Key Point
- 「約束」は，双方の合意を得て成立し，守る責任が生じる
- 強い愛情や熱心さからくるコミュニケーションには，相手を巧妙に支配する罠が潜んでいる
- 複雑なコミュニケーションは，相手を統制しダメージを与える危険性があるが，単純なコミュニケーションは安心と自立をうながす

Exercise

　Lesson 19では，子どもや相手に対して，知らずしらずダメージを与える危険性のある複雑で巧妙なコミュニケーションを，「危険なコミュニケーション」と名づけて整理します。

【問題】　危険なコミュニケーション

　次の台詞の中から「危険なコミュニケーション」に該当する台詞に〇をつけてください。またその3種類の特徴から，それぞれ名前をつけてください。

1）_____コミュニケーション
　①自分の道は自分で決めなさい，迷うことがあれば相談しなさい………〇×
　②自分のやりたいようにやりなさい，そしてすべて報告しなさい………〇×
　③あなたの責任でやりなさい，何も口出ししません………………………〇×
　④自由に生きなさい，試験の点が悪いのだけはダメよ……………………〇×
　⑤友だちとは誰とでも仲良くするようにね，A君には気をつけなさい…〇×
　⑥お母さんに言われて勉強するようではいけません………………………〇×
　⑦自分から進んで，毎日1時間このドリルをやらなくちゃダメよ………〇×
　⑧自分で考えて勉強しなさい，結果には自分で責任を取りなさい………〇×
　⑨外で元気に遊んできなさい，ただ遊び過ぎはいけませんよ……………〇×
　⑩学校は大事よ，無理して学校に行くことはないのよ……………………〇×

2）_____コミュニケーション
　①あなたは神経質だから，いつも試験ではあがってしまうのよね………〇×
　②今日はおせんべいしかないの，がまんしてね……………………………〇×
　③あなたは不器用だから，新クラスでもまた友だちで苦労するね………〇×
　④（転んだ子どもに対して）痛くないよ，痛くないよね…………………〇×
　⑤お腹空いたでしょ，疲れたでしょ，眠いに決まってるよね……………〇×

3）_____コミュニケーション
　①娘の不登校を夫がすごく心配しているんです………………………………〇×
　②私がとても心配だから，危ないことはしないでね…………………………〇×

③世間ではそんなことは許されませんよ……………………………○×
④そういう言い方は失礼です，私はとても腹が立ちます……………○×
⑤そんなことをすると学校の先生に叱られますよ………………○×

【解答と解説】　3種の危険なコミュニケーション

1）ダブルバインド（二重拘束）・コミュニケーション：②④⑤⑥⑦⑨⑩

　ダブルバインド（二重拘束）とは，相矛盾するメッセージが同時に命令・禁止形で語られることをいいます。非言語（行動・態度・本音）と言語のメッセージ（言葉内容）とが相矛盾する場合以上に，相矛盾した言語的メッセージが命令・禁止形で語られるほうが大きなダメージを与えます。どちらの命令に従っても許されない構造，いわばT字路の両端のどっちにも進めない状態ですから，引きこもるか，道から外れるかキレるかのどれかになってしまいます。「自由に」「好きに」の後に「〜しなさい」となるのは明らかな矛盾です。

2）先取りコミュニケーション：①③④⑤

　相手が自分で感じたり考えたりする一歩前に，相手の情緒・感覚・意識・思考・行動などを断定して言ってしまうもので，主語が「あなたは〜」で始まり決めつけた言い方で終わります。これが続くと自分自身が何を感じ考えているのかをモニタリングできなくなり，受身的な指示待ち人間でいながら，不満がたまり，あるとき突然キレたりすることにもなります。

3）責任転嫁のコミュニケーション：①③⑤

　話し手が自分の考えや感情を言わないで，代わりに一般的立場や他者の意見として伝えるもので，主語が三人称や抽象名詞になります。責任転嫁を続けると，相手から信用されなくなり，相手をキレさせることもあるでしょう。

　以上3種類の危険なコミュニケーションは，自分の責任を回避して相手を巧妙にコントロールすることにどれも非常に優れています。私たちは日常的にこれらを適宜使っていますが，子どもの自立のためには成長にともない「危険なコミュニケーション」を意図的に減らしていくことが必要になります。

Lecture

☞ふりかえってみよう☞　複雑なコミュニケーションは，操作的で人を混乱させ，不安にします。それに対し，単純なコミュニケーションは，相手を安心させ相手の自主性を尊重します。

　Answer(1)の①〜④で挙げた，S男が約束を守れない理由ですが，原因を本人や親に帰して責めても，本人と親はともに意気消沈こそすれ，元気が出て解決につながることは望めません。また，「分離不安」といった知的な理解も，「母子分離不安だから成長とともに必ず治る」という安心につなげるなら役に立ちますが，それが不安を増強させるレッテル貼りであったり，新たな原因探しをするだけなら害になります。

　筆者は，S男の母親に，①実際には「指示・命令」にあたることを「約束」と呼んでS男を混乱させていること，②複雑で操作的なコミュニケーションを行っていることの2点を伝え，より単純で不安を招かないコミュニケーションが必要なことを話し合いました。

　母親は，約束と言わずに，どう話せばいいか考えました。「今日は用事があるから〇時間目で帰るね。だけどS男は最後までちゃんと学校にいなさい。お母さんがずっと安心テレパシーを送っているから」と端的に言うことにしました。

　また「今日は〇時間目で帰らなくてはならないの。心配？　お母さんも心配だから，S男からもお母さんに応援パワーを送ってね。今日はどこまでならがんばれる？　今お母さんにお手伝いできることはある？　先生にお願いできることは何かな？」と，まずS男の

ポイント

・原因探しから，解決は生まれない
・失敗の責任追及からも，解決は生まれない
・「母子分離不安」は，成長とともに必ず解決されると考える

・指示・命令は，端的に伝える
・指示をするときは，可能なサポート（プラスの選択肢）を提示する
・不安に対しては情緒的サポートをする

不安を受け止め，オープンな質問をするのもいいでしょう。S男にとって少しでも努力できる目安（ゴール・目標）を話し合い，それに役立つ安心につながる考えや方法を引き出すわけです。そして「S男もそれ（S男の出したゴール）はがんばりなさいね」と指示・命令で述べます。この場合，母親もS男に協力し，何かをがんばることを約束し，S男も自分から出したゴールをがんばることで双方が納得できれば，初めて「じゃあ，約束ね」とお互いに約束を交わすことができるわけです。

・本人が努力できる目安（ゴール）を尋ね，そのレベルでの達成を指示する

・約束をするときは，双方で理に適った約束のゴールを持つ

　母親はこの話し合いで，最後は涙ぐみ，「ホッとしました。自分の子どもが問題なのか，自分が母親として失格なのかと苦しみました……夫の甘さのせいにしたり……自他を責めました……毎日保健室で待ち，仕事も休職し，私のほうが参っていました。でも単純なことだったのですね。私のコミュニケーションが複雑だったんですね。安心しました」と述べました。母親とのこの1回の面接だけで，その後S男は1週間を経ずに，母親の付き添いを必要としなくなりました。

　愛情がいくら深くても，子どもにダメージを与えてしまう危険なコミュニケーションがあります。支配的な力関係のあるなかで交わされる約束は，自分が責任を取らずに，相手を巧妙にコントロールする手段となります。故意にやれば，いじめにもなるわけです。

・親・子・夫婦に原因があるのでなく，コミュニケーションの罠が原因
↓
・「問題の外在化」（Lesson 12参照）に通じる
↓
・安心，勇気
↓
・コミュニケーション・スキルの改善

Homework

- 自分がどんな「危険なコミュニケーション」（Exercise参照）をしやすいのか，自分の日常を3日間観察し，メモして調べましょう
- 能力のある大人びた子どもが，同世代集団から仲間はずれにされる場合，どう考えたらいいでしょうか？

6th Stage

Lesson 20
チャムとピア・グループ

個人差には，個人内差と，個人間差があり，一人ひとりの子どもの個性を活かす教育とは，個人差に応じた指導援助です。今回は，その個人間差，仲間関係の発達段階の差異として，チャムとピアのグループを考えます。

Introduction

　現代社会の利点とひずみの両方の影響を受けて，子どもたちの心身の発達は多様化しています。乳幼児期からの早期知育に始まり，情報過多で体験に乏しい幼児期や児童期，成長加速現象とも呼ばれる思春期の早期到来……最近の子どもたちについて「失われた少年時代」という表現がなされ，昨今の高校生を「老成した高校生」と呼ぶ識者もいます。単に早く大人になるだけなら，成熟社会を担う世代の幅が広がって良いわけですが，実際はそうではありません。

　幼児期の基本的生活習慣，児童期の勤勉さや友だち関係の広がり，思春期の心身の変化や個人差／性差の受容，青年前期のアイデンティティの模索，これらが十分に経験・獲得されないまま，次の時期に移行していきます。それぞれの時期の発達課題は積み残され，いわば積み立て貯金のように増えていきます。仮に18歳満期であれば，積み立てに利息も付いてそのときに一気に精算されるわけです。17歳で引きこもる，14歳で突然キレるといった現象はこうした積み立て満期現象ともいえます。それぞれ積み残した発達課題に差異があり，その達成に有効なリソースは子どもにより異なります。子どもの個性を活かす教育，言い換えれば，個人差に応じた教育がますます必要になっています。

　個人差には，個人内差（その子ども自身の能力の強弱など）と，個人間差

（子ども同士の間にある発達の差異）があります。個人内差は，何がその子どものリソースなのかを，個人間差は，一人ひとりが他の子どもと違って今どのレベルにあるのかを，見出し活かしていくために必要な視点（情報）です。

Lesson 19は，現代社会の危険なコミュニケーションを扱いましたが，Lesson 20では，現代社会の影響から，子どもの仲間関係の発達段階にも，多様な個人差があることを知り，それを活かすことを考えます。

Case

グループからつまはじきにされ不登校になった中2のT子

中学2年生のT子は，中学1年のころは，友人関係で悩みながらも部活と勉強にがんばっていた。しかし中学2年6月ごろ，仲良しグループから「あなたとはもうつき合いたくない」と言われ，つまはじきにされて以来，遅刻・欠席が続いた。たまに登校すると，自分の居場所がないと言って給食を食べずに帰宅し，また朝は腹痛を訴え登校途中で吐くようになった。T子は「みんなが自分をバカにしている」と家で泣き叫び，家具を倒し自分の頭髪を切り刻み，自室に閉じこもってとうとう不登校となった。T子は文章が達者で，芸術センスが高く，去る5月に行われた文芸部の発表会では大活躍していた。

Question & Work

(1) T子の個人内差に着目すると，どんな能力の強弱が見出されますか？

　　　　　　　　　　　　　　　　　　　　　　　　　　　　　　　　

　　　　　　　　　　　　　　　　　　　　　　　　　　　　　　　　

(2) T子の個人間差として，友人との仲間関係の発達段階の差異は何ですか？

> **ここで一句　幼いチャム　仲間はずれは　ピアの証拠**
>
> 同質性を求めるチャム・グループに対し，ピア・グループは異質性を認め合います。

Answer

！かかわり方のヒント！　個人差には，個人内差と，個人間差があります。個性を活かす教育では，個人内差において強い面を活かし，個人間差においては，仲間関係の発達段階としてチャムとピア・グループの差異に注目します。

(1) T子の個人内差として，能力の強弱は何か？

　これは（内的）リソースと共通するものです。T子のリソースは，芸術的センスの高さ，文章表現に秀でていることがまず挙げられます。他には，がんばり屋，努力家（部活の練習熱心，地道な勉強）もあてはまります。これら能力の高い部分に対し，合理的，客観的にものをとらえる面がまだ弱いといえます。その面が伸びれば，他人からの目を気にせず，周囲の人と自分との差異を認め，それぞれの良いところを受け入れられるようになるでしょう。

　個人内差を，学習面，体育・身体面，社会適応・対人関係面といった観点から見ることもできます。T子は，学習面では国語・社会・芸術などの文科系能力が高く，それにくらべ数学や運動面に課題があります。また個人的内的な世界は，抽象度や完成度の高い文章や絵画で表現できるのに対して，集団的外的な世界は，場面に合わせた自己表現や同調が不得手です。

　指導援助においては，子どもの個人内差の強い面，高い能力に注目し，それに自信を持たせ，より伸ばせるように対応することが大切です。個人内差の弱い面，低い能力ばかりを取り上げて，文句をつけても何も伸びません。弱いととらえられる側面は，強い面の発達にともなって補われ，その子どもなりに必要に応

アドバイス

・個人内差は，（内的）リソースと共通する

・個人内差には，学習面，身体面，心理社会面などがある

・個人内差において，秀でた能力を活かす

・個人内差において，弱い面は，強い面を伸ばすことで補われる

じて伸びるものです。単にどれも平均値を目指すのでは，個性は活かされません。

(2) T子の個人間差として，友人との仲間関係の発達段階の差異は何か？

　T子の文章や悩みは，ある種哲学的であり，中学生にしては大人びた思索をしていました。またT子は，クラスには行けないが，何とか部活の練習に参加したいと母親に訴えました。事実，T子の部活内での役割は高く，彼女のいない発表会は難しいものでした。T子は，部活のように「共通の目的をもって意図的に集まり，それぞれの立場（個性）を活かし合う集団」には参加したいが，クラスのように自動的に編成され「類似性を確認し合うことにエネルギーを費やし一体感を常に求める」友人関係のなかで，みんなに合わせて時を過ごすことに耐えられないのでした。かといって，みんなと同じように楽しめない自分も許せません。T子は，頭では登校すべきだと考えても，身体は逆に反応し，混乱して家で荒れてしまうのでした。

　前者（部活）のような特徴を持つ集団をピア・グループ，後者（クラス）のそれをチャム・グループと呼びます。仲間関係の発達段階としては，ピアのほうがチャムよりも高度なレベルにあります。T子が求めたのは，ピア・グループであり，いつまでもチャム・グループでいることに耐えられなかったわけです。

・個人差を単にその平均値に近づける発想はマイナス

Key Point

- 個人差には，個人内差と個人間差がある
- チャム・グループは，同質性を確認し一体感を求める同輩集団
- ピア・グループは，異質性を受け入れ自立した個人として共存できる異性異年齢を含む集団

Exercise

　Lesson 20では，子どもたちの個人間差を見るうえで非常に重要な仲間関係の発達段階について学びます。一昔前は，子どもたちは地域のなかで，毎日同世代集団と思いっきり遊び，異年齢集団やきょうだい関係にも揉まれ，それによって仲間関係を十分に学習し，次の発達段階に揃って移行していくことができたと考えられます。ところが，現代社会では，子どもたちの仲間関係は，情報過多な反面，十分な体験学習を経ていないことから，個人間差が大きく，同世代集団の発達段階が揃って移行するのは難しくなっています。

　いじめや不登校といった，学校の仲間関係に由来する現象は，この仲間関係の発達段階の個人間差に影響を受けていることが多いことを筆者は経験しています。ある子どもの仲間関係における難しさ（不適応）を，単に個人の内的な資質の問題（個人内差のなかで，対人関係が苦手・未発達）としてとらえるよりも，仲間関係の発達段階の個人間差として対応するほうが，子どもの発達成長に有益であることが少なくありません。その場合，不適応を起こしている子どものほうが，帰属の仲間集団よりも一足早く次の発達段階に移行しつつある場合が多いといえます。一歩上の発達ステージに，いち早く上がることにともなう産みの苦しみともいえます。このようにとらえることで，仲間関係における不適応を，より上位の発達への兆し・原動力として，つまりリソースとして活かすことができるようになります（T子もそうでした）。とくに，小学校高学年や中学生の場合，自分がおかしいのではなく，周囲の仲間のほうがまだ幼い，あるいは自分のほうが早く大人っぽい仲間関係を求め始めているのだと気づくことは，自信，自尊感情，自己効力感といった力につながります。

【問題】児童期・思春期の仲間関係の発達段階
　次の文のそれぞれについて，「ギャング・グループ（G）」「チャム・グループ（Ch）」「ピア・グループ（P）」のどれに該当するか○をつけてください。
①同じ興味関心（タレントの好み等）で結ばれる仲良しグループ…G・Ch・P

②親からの自立に仲間関係が必要となり始める時期の徒党集団 …G・Ch・P
③異質を前提とするため，男女混合で年齢幅もありうる集団 ……G・Ch・P
④児童期後半の小学校中学年ごろの時期に現れる ……………G・Ch・P
⑤互いの類似性を言葉で確かめ合う（長電話・交換日記）………G・Ch・P
⑥思春期後半の高校生ぐらいから生じてくる ………………G・Ch・P
⑦仲間の間で言葉（符丁）をつくり，通じない者を疎外する ……G・Ch・P
⑧思春期前半の中学生によく見られる ……………………G・Ch・P
⑨外面的な同一行動による一体感が重視される遊び仲間 …………G・Ch・P
⑩内・外面ともに異質性を認め，自立した個人として尊重し合う…G・Ch・P
⑪遊びを共有できない者は，仲間からはずされる ………………G・Ch・P
⑫「私たちは同じね」（境遇・生活感情）の確認に意味がある ……G・Ch・P
⑬仲間集団の承認が親の承認より初めて重要になる段階 …………G・Ch・P
⑭相違を明白にし違いを乗り越え，自立した個人として共存する…G・Ch・P
⑮基本的に同性の同輩集団で，男の子に特徴的に見られる ……G・Ch・P
⑯内面的な類似性の確認による一体感が特徴 ……………………G・Ch・P
⑰互いの価値観や理想・将来の生き方などを語り合う対等な関係…G・Ch・P
⑱親や教師が禁止するものを仲間と一緒にルール破りをして行う…G・Ch・P
⑲集団への出入りは，各個人の目的と意志にゆだねられる ………G・Ch・P
⑳基本的に同性の同輩集団であり，女の子に特徴的に見られる …G・Ch・P

【解答】3種の仲間関係の発達段階
1）ギャング・グループ（gang－group）：②④⑨⑪⑬⑮⑱
2）チャム・グループ（chum－group）：①⑤⑦⑧⑫⑯⑳
3）ピア・グループ（peer－group）：③⑥⑩⑭⑰⑲

　子どもたちは，このような自然獲得的な仲間関係によって，自己確立の発達的プロセスをたどるわけです。これは大人からの縦軸の指導援助に対し，横軸の発達援助促進因子となる重要なものですが，個人間差への配慮が必要です。

Lecture

☞ふりかえってみよう☞　いじめに類する現象として，ある種大人びた子どもが，同世代集団から仲間はずれにされ，苦しむときがあります。これはチャムからピア・グループへの，仲間関係の発達段階の産みの苦しみととらえます。

相談室に母親とともに現れたT子は，初回面接で，以下の話をしてくれました。中2になり友人らとだんだん趣味が合わなくなり，無理に合わせるとわざとらしくなる。文章のほうが得意なので，忌憚ない気持ちを手紙に書くと，逆効果で「縁を切る」と言われ，一人はずされてしまった。ショックで学校に行く気にもならなくなった。自分が原因を作ったからと反省したが，電話も拒否され，嫌なことがあると欠席するという噂になり，登校してもみんなの話に入れなくなった。好きなことは，何より読書，芸術，絵画。最近は作詞作曲もするが，そんな面は誰も知らない。T子は同じような悩みや視野の広い考えを持った人と，友だちになって語り合いたいと希望しました。

筆者はT子の話を一通り聞き，T子の豊かなリソースを確認した後，将来の話などをしました。その後，母親が加わり同席面接となりましたが，母親は，読書や絵画に凝って，同世代集団にうまく入れないT子のほうが問題で，友だちづき合いが下手なことが欠点であると述べました。そこで筆者は，T子と母親との両者に対して，ピア・グループとチャム・グループ（仲間関係の発達段階）の説明をしました。

チャム・グループは，「同質を確認し合う仲間集団。仲間内で秘密を共有し，誰かを仲間はずれにすること

ポイント

〈チャムからピアへの移行のサイン〉
- 同世代集団のグループと趣味や話が合わなくなる
- 秀でた能力，興味関心，趣味をもっている
- 個性的な成長をしている
- 無理に合わせると疲れ，不自然になる
- グループからは生意気と言われる
- グループの秘密からつまはじきにされる
- グループの話に入れない
- グループに入れない自分に非があると感じる
- グループ外の，もっと視野の広い友人を希求する

で，残りの集団の凝集性を高める。個人の尊重ではなく，集団の維持を目的とする」。それに対し，ピア・グループは，「異質を認め合う仲間集団。個性が違うことが一緒に居る意義になり，その集団は個人の目的に応じて出入り自由。自主性が尊重される」。高校生年齢になると，個人差はあっても，仲間関係は徐々にピアに移行します。いつまでもチャムの仲間関係で満足しているなら，むしろ幼いということになります。

次に「問題の周辺に能力がある」（Lesson 1参照）ことを話しました。T子が高校生と話が合うレベルの趣味を持ち，同世代の仲間関係に疲れ同調できないという「問題」は，T子がチャムよりも，発達段階が上のピアを希求するだけの「能力」を獲得してきている，心理的発達が進んでいる証ととらえるわけです。この仲間関係発達の個人間差の話は，T子と母親を大変に勇気づけ，安心させることになりました。

2回目の面接では，真っ先にT子の月経が数か月ぶりに戻ったことが報告されました（身体は正直です）。そして2学期には登校再開を果たしました。

T子が夏休みに内省して詠んだ短歌を紹介します。「暗いけど 私はなんで ここにいなくて"だめだった"そうつまずいた」「夏休み いろんなことを体験し 私は私 そう思えたよ」「学校は つまずくこともあるけれど やっぱりここが 私の居場所」。

- チャム・グループ＝同質を確認し合う集団
- ピア・グループ＝異質を尊重し合う集団

- 「問題」の周辺に「能力」がある

- ピアはチャムより，少し大人の証

- 月経の再開は，心が再出発し始めたサイン＝身体言語

Homework

- 自分が対象としている子ども集団の仲間関係が，どのような発達段階にあるか，観察してみましょう
- ピア・グループの関係を求めて，チャム・グループのなかで息苦しくなっている子どもはいませんか？

6th Stage

Lesson 21
対人的位置と距離の取り方

今回は，人がそれぞれ自分なりに持っている，対人的位置と距離を見立て，それに合った対応を学びます。

Introduction

　私たちは，それぞれ相手に対しての「位置」や「距離」の取り方に個性を持っています。同じ年齢層の中にあっても，いつも高飛車な態度を取る人もいれば，腰の低い人もいます。ここでの「高飛車」「腰が低い」といった形容は，まさに対人的位置における「高いone-up」「低いone-down」を表しています。

　また，親しみやすく「お近づき」になりやすい人もいれば，雰囲気が「近寄りがたい」人もいます。これは対人的距離の「近い」人と「遠い」人を表しています。

　私たちは，個性として対人的位置と距離の特徴を持つとともに，相手や状況によってもそれを変化させて活かしています。子どもたちも同様ですが，とくに発達過程の中で特徴的な位置や距離の取り方をすることがあります。Lesson 21は，対人的位置や距離の個性を見立て，子どもの発達過程での特徴を知ることで，それに合った対応をすることが指導援助に役立つことを学びます。

Case

怠学，授業妨害，虚言を繰り返す中2U子のグループ

　中学2年生のU子たちは，服装違反，教師へのいたずら，授業妨害，学業不振など，生活指導面で先生方の手を焼かせている4～5人のグループだった。

しばしば授業や行事をさぼり，教師が注意すると，逆にキレたり嘘の言い訳をしたりする。先生方は何度も裏切られ，指導に困惑していた。

　ある日の昼休み，授業開始10分前に，U子らは相談室に飛び込んできた。行事をサボったことを先生から問い詰められたので，そのとき悩みがあったから相談室で相談していたと答えたという。今日の放課後，学年主任に呼び出され困っている。相談室にいたとシラを切ったから話を合わせてほしいと述べ，「カウンセラーだったら助けてくれるよね，お願い」と，懇願してきた。

Question & Work

(1) 対人的位置（関係性の高低），およびその理由（何から観察されたか）
　(a) U子グループは，日ごろ先生方にどんな対人的位置を取っていますか？
　①one-up（高い）　　②one-down（低い）　　③中立
　観察理由：＿＿＿＿＿＿＿＿＿＿＿＿＿＿＿＿＿＿＿＿＿＿＿＿＿＿＿＿
　(b) U子らはこの日カウンセラーにどんな対人的位置を取っていますか？
　①one-up（高い）　　②one-down（低い）　　③中立
　観察理由：＿＿＿＿＿＿＿＿＿＿＿＿＿＿＿＿＿＿＿＿＿＿＿＿＿＿＿＿

(2) 対人的距離（関係性の遠近），およびその理由（何から観察されたか）
　(a) U子グループは，日ごろ先生方にどんな対人的距離を取っていますか？
　①遠い　②近い　③中立　　観察理由：＿＿＿＿＿＿＿＿＿＿＿＿＿＿
　(b) U子らはこの日カウンセラーにどんな対人的距離を取っていますか？
　①遠い　②近い　③中立　　観察理由：＿＿＿＿＿＿＿＿＿＿＿＿＿＿

(3) U子らの対人的位置と距離を踏まえて，カウンセラーと先生方は，それぞれどう対応したらいいでしょうか？

ここで一句　位置と距離　高低遠近　合わせた対応

「来る者は拒まず，去る者は追わず」対人的位置の極意です。

Answer

！かかわり方のヒント！ 私たちはそれぞれ個性や相手により，異なる「対人的位置」と「距離」を持っていることに注目します。位置のone-up（高い）・one-down（低い），距離の遠い・近いを査定し，それを尊重します。

(1)対人的位置（関係性の高低）の査定

(a)U子らの先生方への対人的位置は？

"①one-up（高い）"位置をとっていると考えられます。その理由は，先生方を困らせたりバカにしたりする言動が観察されるからです。社会的規範に従わせようと抑えつける大人に対して，「言いなりにならない」（屈しない）という態度を表明し，自己主張して張り合うことで自分たちのほうが上だと挑戦しているわけです。これは反抗期に特徴的に表れます。いわゆる「生意気」な言動は，one-upの位置にあたりますが，自我の確立には，ある意味で必要なプロセスです。反抗期を経ずに成長した若者は，自我が脆弱で指示待ち人間などと評され，逆に問題になっています。

(b)U子らのカウンセラーへの対人的位置は？

"②one-down（低い）"位置をとっていると考えられます。その理由は，困った状況を救ってもらおうと懇願する言動が観察されるからです。カウンセラーは立場上生徒たちを上から抑えつけることはないため，U子らも張り合って反抗する必要はなく，むしろ取り入って救ってもらおうとしています。カウンセラーを利用してやろうという不遜な気持ち（one-up）も多少あるかもしれませんが，とりあえずは下手（one-down）に出てきています。対人的位置は相互作用で

アドバイス

〈対人的位置の査定〉

- one-up＝高飛車，バカにする，偉そうにする，生意気，怒る，叱る，指示・命令する，威張る，決めつける，断定的，一方的，優越感，自信家，頼もしい，親分肌，包容力

- 反抗期はone-upな対人的位置が特徴

- one-down＝腰が低い，頼む，謙虚，配慮する，迷う，心配する，卑下する，影響される，頼りない，自信がない，劣等感，尊重する，立てる，感謝する，謝る，ほめる

- 甘えはone-downの位置・近い距離で表現されやすい

Lesson 21 ● 対人的位置と距離の取り方

すから、こちらが初めから低い位置にいれば、相手も必要以上に高い位置から対する必要はないわけです。

(2) 対人的距離（関係性の遠近）の査定

(a) U子らの先生方への対人的距離は？

"①遠い"と考えられます。その理由は、先生方を避け、先生からの呼び出しに対して何とか避けようと動いており、先生方が近寄れば逃げ出すという態度が観察されるからです。

(b) U子らのカウンセラーへの対人的距離は？

"②近い"と考えられます。その理由は、残り少ない休み時間に、U子らのほうから相談室に飛び込み接近してきているからです。また理不尽なことを遠慮なく懇願し、態度が馴れ馴れしく甘えている状態からも、心理的距離の近さが感じ取れます。

(3) 対人的位置と距離を踏まえ、どう対応するか？

対人的位置も距離も、いずれも相手のそれを尊重することが原則で、相手と良い関係性を結ぶために必要不可欠な要素です。対人的位置については、シーソーを連想してください。相手がone-up（高）であれば、こちらはone-down（低）で、その逆に相手が低ければこちらは高くなります。相手の位置を尊重すれば、そうなるわけです。対人的距離は、相手の距離に合わせます。相手が遠い距離を取るならこちらも遠く、相手が近い距離を取るならこちらも近くします。相手の領域を侵さず安心できる距離を選ぶわけです。

〈対人的距離の査定〉
- 遠い＝近寄りがたい、よそよそしい、冷たい、硬い、無関心、侵入的でない、安全、干渉しない、独立
- 近い＝親しみやすい、馴れ馴れしい、スキンシップ、温かい、柔らかい、関心がある、侵入的、過保護、過干渉、依存

〈対応の原則〉
- 高↔低／低↔高
- 近↔近／遠↔遠

Key Point
- 人は対人的位置（one-up／one-down）と距離（遠い／近い）を持っている
- 対人的位置と距離は相手や状況により変化する
- 対人的位置と距離を査定し、それに合った対応が良い関係性への道

Exercise

　私たちは誰でも，その人なりの対人的位置と距離を持っています。しかし自分一人では，自分がどんな対人的位置と距離の傾向や特徴を持っているのか，なかなかわかりません。つまり，相手が存在してはじめて理解できるものなのです。ここでは，実際に相手の対人的位置と距離について，ワークを通してお互いに観察し，査定します。そうすることで，自分の対人的位置と距離についても学ぶことができます。まず，自分の特徴を知っておくことは，指導・援助者として，非常に重要なことです。

〈対人的位置と距離の査定のワーク〉

A．対人的位置の査定のワーク

　①あまり知らない人同士で，2人組をつくり，向かい合って座ってもらう。

　②Aさん，Bさんを，それぞれ決めてもらう。

　③Aさんだけ集まってもらい，(Bさんに知れないように)教示Xを伝える。

　④この間，Bさんには，「私の小学校時代（例）」について思い出しておいてもらう。

　⑤Aさんは席に戻り，Bさんと向かい合って座る。

　⑥Bさんは，Aさんに「私の小学校時代」について話をする（約2分半）。

　⑦Aさんは，Bさんの話を聴きながら，教示X（Bさんの対人的位置の特徴の観察）を行う（メモを取っても良い）。

　⑧講師は，Bさんの対人的位置の観察を教示したことを明かし，AさんからBさんに，その観察と査定を伝えてもらう。

　⑨B・A両者で，観察と査定について話し合ってもらい，Bさん自身の感想や意見も述べてもらう。

　⑩参加者全体に対し，幾組かのペアからフィードバックしてもらう。

　教示X：対人的位置を査定してください。対人的位置とは，2人の人が対面したときに，まったく横並びになるということはむしろ珍しいことで，一方がちょっと上（高い位置）になり，もう一方がちょっと下（低い位置）になるこ

とが多いものです。それは微妙なものかもしれませんが，だからこそ注意深く観察してください。同時に自分が何からその査定をしているかについても観察してください（ときには，自分から少し位置を動かしてみて，その反応も観察してください）。

B．対人的距離の査定のワーク

①Ａさん，Ｂさんの役割を交代してもらう。

②今度は，Ｂさんだけ集まってもらい，（Ａさんにわからないように）<u>教示Ｙ</u>を伝える。

③この間，Ａさんには，「私の好物（例）」について考えておいてもらう。

④Ｂさんは席に戻り，Ａさんと向かい合って座る。

⑤Ａさんは，Ｂさんに「私の好物」について話をする（約２分半）。

⑥Ｂさんは，Ａさんの話を聴きながら，<u>教示Ｙ</u>（Ａさんの対人的距離の特徴の観察）を行う（メモを取っても良い）。

⑦講師は，Ａさんの対人的距離の観察を教示したことを明かし，ＢさんからＡさんに，その観察と査定を伝えてもらう。

⑧Ａ・Ｂ両者で，観察と査定について話し合ってもらい，Ａさん自身の感想や意見も述べてもらう。

⑨参加者全体に対し，幾組かのペアからフィードバックしてもらう。

<u>教示Ｙ</u>：対人的距離を査定してください。対人的距離とは，文字通り２人の間にある距離感のことで，遠い距離を持っている人もいれば，近い距離を持っている人もいます。今２人の間にはどのくらいの距離があるかについて注意深く観察してください。同時に自分が何からその査定をしているかについても観察してください（ときには，自分から少し距離を動かしてみて，その反応も観察してください）。

★観察のポイント★　態度，姿勢，目線，表情，声のトーン，言葉遣い，話の内容（自慢話，失敗談，人をほめる話，人をけなす話等），物理的位置／距離。

Lecture

☞ふりかえってみよう☜ 対人的距離と位置に合わせた即応的対応が大切です。遠ざけているときは深追いせず、近寄ってきたらこちらも近寄って胸襟を開きます。位置や距離が変化したときが、より良い関係性へのチャンスです。

カウンセラー（Co）は，即座にU子らの対人的位置と距離を査定し，それ（one-down，近い）に合わせた言動で対応しました。つまり，通常のCoよりはone-upな言い方で，距離を詰めた立ち話で馴れ馴れしいタメ語を使い，「いくらCoだってバレバレの嘘はつけないよ」とU子らの懇願を拒否し，「嘘がバレて呼び出しくらって，あんたたち，どうしたいのよ？」と切り込みました。U子らは「先生が『お前たちはワルだ。どうせまた嘘だ。お前たちに悩みなんてない！』と決めつけるから，キレルんだ」と口々に答えたため，Coが「なんて先生から言われたらキレなかったの？」と問うと，U子らはとまどいました。「ワルだって決めつけられるのは嫌なんでしょ。じゃあ，先生たちのどんな対応があれば，あなたたちは変化できるの？　どうすればワルじゃなくなるの？」と続けて聞くと，U子らは考え込みました。

「決めつけるから，キレルんだよ。『中学生なんだからお前たちにも悩みはあって当然だ』って，言ってくれれば少し違ったさ。『嘘ついてサボったのは悪かったかな』って気持ちが湧いてきたかもね」と返ってきました。Coが「なるほど。悩みとサボりと両方あったのね。その割合は10のうち何対何だった？」と聞くと「8対2，いや6対4かな……ほんとは4対6か

ポイント

〈対人的位置への対応〉
相手がone-down
↓
こちらはone-up

〈対人的距離への対応〉
相手のとる距離が近い
↓
こちらの距離も近い

〈変化の兆しの質問①〉
・「もし，状況がどう違えば，もっと良くなるのか？」

・「もし，相手がどう変われば，もっと良くなるのか？」

・「もし，相手の対応が少し違えば，何が変化するのか？」

な」と吟味し始めました。そこでCoは「単純なことだけど，学校では人間性ではなく立場上，先生が上，生徒は下だよね。だけど私のほうが上！ってやり合うと，アップアップ状態だから大変だよね（笑）。大人に反抗するのは，健康な中学生の仕事だからいいとして。でも，どうすればいいのかな？」と返すと，U子が小声で「あたしは謝ってもいいよ」とつぶやきました。しかし「謝ったらまた説教されて……そんなの損」と友人らは不満気でした。「U子たちの態度がどう変わっても先生は変わらないの？　先生も人間だから完璧じゃないけど，U子たちが100％憎いの？　1％も心配していないの？」と問うと「少しは心配してるだろうけど……うーん，私たちから謝ってみる」とU子らは結論を出しました。

　その後，学年主任から，U子らが素直に謝り心を開いてくれ「U子たちを見直しました。神妙に謝る姿を見たら，今までの悪事はすべて許そうと思いました」と報告され，U子らも「先生のこと見直した。先に謝ったら叱らないで，逆に私たちの不満を真剣に聞いてくれた」と言ってきました。U子らが新たに示した対人的距離と位置に対し先生が即応できたため，両者の関係は良い形に移行しました。その後のU子らは，素直に挨拶し，表情が生き生きして，本当はいい子たちと言われるまでになり，大変身を遂げました。

<スケーリングの応用>
・両面（両価性）がある場合
a)「その割合は10のうち何対何？」
b)「100％のうち，1％もないの？」
↓
・相手の言葉を否定しない
・どちらかに決めつけない
↓
・承認，受容の体験
↓
・事実の認識

<変化の兆しの質問②>
・「もし，あなたの対応が少し違えば，相手は少し変化するのか？」

・「もし，あなたが変化しても，相手は少しも変化しないのか？」

Homework

- 保護者への対応や連携が難しいと思うのはどんな点ですか？
- 保護者との関係がうまくいったときはどんなときですか？

Column 6

学級でのディスカッションⅠ
―― 効果的なディスカッション・モデル

　子どもたちにとっては，仲間関係が大きな意味を持ち，それが成長促進的にも成長阻害的にも働きます。子どもの行動は他の子どもたちによって大きく影響を受けます。ピア・プレッシャー（仲間からの圧力）は，多くの場合，いじめや非行とも関係するため，否定的な要素としてとらえられがちです。しかし，これを成長促進的要因として活かすこともできるのです。

　①個々の態度は属するグループに左右されるため，個人の行動変容に関して，グループの風土を変えるほうが，個人に直接介入するより容易なことがある。

　②どんなグループもある程度メンバーに同一性を求めるため，グループのまとまりが強いほど，個々のメンバーに及ぼす影響力が大きくなる。

　③自分のグループで何かを決定すると，それに対して，グループ外で勝手に決定されたことよりも，メンバーたちは，はるかにしっかり守ろうとする。

　これらの特徴がうまく活かされれば，学級内で児童・生徒を効果的に支援することが可能となりますが，そのために有効なグループワークが実施できなければなりません。以下は，教室でのディスカッションを通じて子どもたちに力を与え，彼らの行動変容を引き出すための枠組みとなるモデルです。

学級でのディスカッションのガイドライン（イーガンの発達モデル）

　(1)**導入とウォームアップ**：主題に興味を持たせる。質問には黙って挙手するだけでいい。同じ気持ちの友人がいる。「自分だけじゃない」という安心感を得る。

　(2)**探索**：自分の行動，気持ち，重大な経験を挙げ，分かち合う。共感によって，主題の探求レベルがあがる。「みんなも知ってるんだ」と気づく。

　(3)**理解**：意識が自分のそれから他者の行動や気持ちへ，探求から理解へと移行し，主題への理解が深化する。

　(4)**行動のステップ**：質問を理解を深めることから行動変容の検討へと移行させ，子どもたちのなかに責任感を発動させる。実際の行動プラン「何ができるか」を考え，記録する。

　(5)**終結**：「何を学んだか」を質問し，子どもたちは考えを整理する。

　参考図書：アラン，J.＆ネイル，J.著『クラス・ディスカッション』（仮題）川島書店，近刊

Column 7　学級でのディスカッションⅡ
──「いじめ」について，どう話し合うか？

　小中学校での学級ディスカッションの展開方法について，**イーガン・モデル**のステップに沿って，**"いじめ"** の主題を具体例として紹介します。

　(1)導入とウォームアップ：今日はいじめについて話し合います。いじめられたことのある人は，それがどんな気持ちであり，それに対して何ができたと思いますか。これからの質問に対して手を挙げてみてください。

　a) 生徒が他の人をいじめているのを見たことがある人は？
　b) いじめられた経験がある人は？
　c) 誰かをいじめた経験がある人は？

　(2)探索：自分たちの経験を分かち合い，主題を探求する。

　a) "いじめ" って何だろう？
　b) "いじめ" ってどんなことをすること？
　c) 君たちが "いじめ" を受けたときのことを，みんなに話してくれる？
　d) 君たちが，いじめを行ったときのことを，みんなに話してくれる？

　(3)理解：他者の話に耳を傾け，「なぜ」「どうして」と考えを深めていく。

　a) "いじめ" られるときは，どんな気持ちを味わうだろう？
　b) 何がそこで起こっていると感じるかな？
　c) 人がいじめられているとき，他の人たちはどんなふうに感じていると思う？
　d) どんな理由のために，生徒たちは他の人たちをいじめるのかな？
　e) 生徒たちがいじめを止めるのを恐れるのは，なぜだろう？
　f) いじめは本当に力強いことなの？

　(4)行動のステップ：実際に「何ができるか」を行動レベルで考え記述する。

　a) もし誰かが君をいじめたら，君はどうすることができるだろう？
　b) 他の生徒たちのいじめを止めさせるために，みんなには何ができるのかな？
　c) いじめをする代わりに，みんなはどんなことができるだろう？

　(5)終結：今日のディスカッションから，みんなはいじめについて何を学んだ？

　このモデルの5段階は，児童・生徒が主題を探求・理解し，建設的な行動変容に至ることを目指して，念入りに配列した一連の質問により構成されています。

Column 8

『ピアサポート――いじめへの挑戦』
――英国の最近の調査研究報告から

北米同様，ピアサポート（PS）の実践に熱心な英国では，いじめの実態やPSの効果についての実証的な研究が精力的に行われています。

『ピアサポート――いじめへの挑戦』（ヘレン・コウイ＆ポール・ネイラー，2000）は，「**2300人以上の中学校の生徒および234人の教師への調査により，PSを利用した生徒の82％に，いじめに立ち向かう力を与えたことが明らかになった**」と報告しています。

今日，英国では約30％の子どもがいじめに苦しんでいます。いじめの被害は心理的外傷を残したり，自殺にまで追い込んでしまうこともあります。いじめは，「傍観者」の子どもたちが重要な役割を果たしているのです。彼らはその動き方いかんで，いじめを促進することもあれば，危険から仲間を守ることもできるからです。子どもたちを「傍観者」から援助者へ変えるPSはいじめの問題と取り組むのにダイナミックな方法を提供してくれます。

いじめられた子どもの多くは，仕返しや，弱虫と思われるのを恐れて助けを求めません。問題が起こっていないふりをしたり，多くの場合心を閉ざし，耐え忍ぶことで対処するのです。

最近の研究は，いじめられた子どもの問題として，よく泣く，自殺願望を持つ，病気による欠席が多いことを報告しています。学校は，「思いやりの風潮」をPSによって作ることができます。教師の力は学級内には及びますが，教室外では子どもは，仕返しへの恐れ，自信のなさなど，仲間からの強い圧力を受けるため困っている生徒に手をさしのべることが困難なのです。

PSシステムはカナダ，オーストラリア，ニュージーランドにおいてすでに確立され，多くの英国の学校も独自のシステムを開発しています。PSのみによっていじめが減るわけではありませんが，学校全体のいじめに対するポリシーを確立することにより，いじめられた子どもが安心して話せるような環境を作り，また彼らを力づける戦略を提供することができます。

PSは，利用者に問題解決への力を与え，話を傾聴してくれる同輩を与える利益があるだけでなく，ピアサポーターと教師にも，新たな自信や責任感などを高める利益がもたらされます。

わが国においてもこの報告は傾聴に値します。

7th Stage

保護者への対応をスキルアップする

ここに差し出たるは「保護者への対応」。
人々皆これに苦労するという……
功を奏するには，
「関係性の査定」と「面接７ステップ」を知るべし。
保護者のみならず，指導援助関係に有効なり。

7th Stage

Lesson 22
関係性の査定と対応

保護者への対応のコツは，相手がどんな関係性をこちらに結んできているかを見極めることです。ここでは，3つのタイプの関係性とそれへの対応を整理して学びます。

Introduction

　子どもたちが，発達や成長をしていく上で，保護者が非常に大きな役割を果たすことは言うまでもありません。子どもたちを指導援助する際，保護者の力をうまくお借りする，あるいは保護者と一緒に取り組むことが必要とされます。子どもの年齢が低いほど，その環境である保護者の存在は大きく，保護者との連携が意味を持ちます。しかし現実には，生活形態や価値観が多様化し，保護者とより良い関係を持つことは容易ではなくなってきています。先生方からは，子どもたちへの指導援助よりも，保護者への対応や連携のほうが難しいという声もよく聞かれます。子どもの問題が保護者に由来すると考えられる場合，こちらは保護者に対して指導的な姿勢をとりがちです。しかしながら，問題を抱える保護者ほど，問題を指摘されることを恐れ，固く構えています。

　私たちは，子どもたちに対しては，「ほめる」こと，リソース（資源・資質）を見つけ伸ばすことが重要であると理解し，その努力をしようと考えています。しかし保護者に対しては，なかなか同様の考えを持てません。Lesson 22は，保護者との連携に非常に役に立つ「関係性の査定」の3つの軸とそれへの対応をお伝えします。Lesson 21で学んだ対人的位置や距離も，もちろん保護者に対して活かすことができます。

Lesson 22 ●関係性の査定と対応

Case

いつも学校に苦情の電話をしてくる保護者Ｖ氏

　Ｖ氏は，Ａ中学校の裏側に隣接した土地で商店を営む在校生の保護者だった。Ｖ氏は，生活指導困難校であるＡ中学校に対し，地域での生徒の喫煙などをはじめとした問題行動について，学校の教師らの指導監督不行届きであるとして，微に入り細に入り観察し，常に苦情の電話を学校に入れていた。ときには，校外に舞った落ち葉の迷惑についてまで電話がかかり，教職員を叱咤した。Ｖ氏の息子である生徒本人に何か問題や不都合が生じると，それも問題行動生徒らや教職員の指導力不足のせいだとして，苦情が入った。先生方は，Ｖ氏の苦情の電話にへきえきし，おざなりな対応をしがちになるが，それがさらに苦情を悪化させるという悪循環を呼び，管理職も困惑していた。

Question & Work

(1) Ｖ氏の教職員への対人的位置と距離は？（Lesson 21 の復習です）
　　位置：① one-up（高い）　　② one-down（低い）　　③中立
　　距離：①遠い　　②近い　　③中立

(2) Ｖ氏は教職員に対してどんな関係性をつくっていますか？
　　①問題を表明しない関係性
　　②周囲に（自分以外の）問題があると訴える関係性
　　③自分に問題があるとする関係性

(3) Ｖ氏の学校への苦情の背景には，どんな気持ちがあるでしょうか？

(4) Ｖ氏から苦情が入ったとき，まず何を言えばいいでしょうか？

ここで一句　　まずほめる　苦情が言える　関心と観察力

苦情や文句を言う相手には，その観察力と問題への関心をほめることから始めます。

Answer

！かかわり方のヒント！ 対人的位置と距離同様，私たちは時と場合，相手により，異なった関係性を成立させています。指導・援助者と来談者（保護者）との間に成立する関係性は3種類に分けられます。それを査定し活かします。

(1) V氏の教職員への対人的位置と距離は？

V氏の対人的位置は one-up（高い）です。教職員に対し苦情を言い，叱咤する態度を取っているからです。対人的距離は，近いといえます。毎日のようにV氏のほうから電話をかけ学校に接近しているからです。

(2) V氏が教職員に対してつくっている関係性は？

V氏は教職員に対し，解答の2番目の「周囲に問題があると訴える」関係性をつくっています。V氏は学校に改善すべき問題があると認識し，強い関心を持っていますが，自分ではなく相手（学校）が変わらなければならないと発想しています。このように，問題の改善を求めてはいるが，それは自分ではなく相手がする仕事だと考えているような場合，「周囲に問題があると訴える」関係性が成立しているととらえます。

それに対し「問題を表明しない」関係性とは，とくに問題を表現しない関係性です。様子うかがい，表面的，興味半分などです。また「自分に問題があるとする」関係は，問題の解決のために，自分にできることはやろうとする意欲や態度がある関係性です。

(3) V氏の学校への苦情の背景にある気持ちは？

まず，V氏が学校に対し関心があるか，無関心かと問えば，関心があるといえます。さらにいえば，それは大変に強い関心です。自分の時間を割いてまで電話

アドバイス

〈指導・援助者と来談者の3種の関係性〉

① 「問題を表明しない」関係性
- とくに問題について表現しない
- 世間話，当たり障りのない話，様子を見ている
- 呼び出されて仕方なく来談している
- 話をするつもりがない

② 「周囲に問題があると訴える」関係性
- 問題を表現する
- 改善の必要性を認識している
- 問題は，周囲の人にあり，自分には責任はない
- 変わる必要があるのは周囲の人
- 周囲の人の問題を詳細に観察して訴える

をするなど，学校のために行動しているからです。「周囲に問題があると訴える」関係性にあるとはいえ，その背景には，V氏の，学校への関心，放っておけない気持ち，学校を何とかしたい思いや意欲が見出されます。V氏は，先生方の目の届かないところでの生徒たちに関する正確な情報を，代わりに収集し伝達してくれています。それは先生方と役割分担して生徒を見守っていることでもあります。学校が現状維持に甘んじず，少しでも良くなることを願って，V氏自身もエネルギーを使っていると考えられます。

(4) V氏からの苦情に，まず何を言えばいいか？

まず，電話をかけてきたことに対し，お礼を言うことです。誰でも苦情や叱咤の言葉を聞かされるのは気持ちのよいものではありません。その行為は迷惑なものとして受け取られ，それが度重なれば相手を疎ましく思うものです。しかし，V氏の言動の背景には，(3)で述べたように，本人も十分に気づいていない，学校を良くしたいという思いが（少なからず）有るわけです。有るものは，すべてリソースです。V氏のリソース（学校への関心，熱心さ，自分の労力を割く，生徒や学校周辺状況の観察力，即応的報告や対応等）を，まず感謝し評価することです。その観察力をほめ，V氏のリソースを認め伝えることで，V氏自身が自分のリソースに気づき，それを使えるようになります。

③「自分に問題があるとする」関係性
・問題を表現する
・改善の必要性を認識している
・問題や責任は，自分にもある
・変化に向けて自分が行動する意志がある
・問題に対し，人のせいにせず，やる気がある

Key Point
- 指導・援助者と来談者の間の関係性には，①問題を表明しない，②周囲に問題があると訴える，③自分に問題があるとする3つのタイプがある
- ①から③のどの関係性かを査定し，それに合った対応をする
- どんな関係性でも，まず来談をねぎらい，リソースを見つけほめる

Exercise

　保護者への対応のコツは，その方がどんな関係性をこちらに結んできているかを見極めることです。Lesson 21 の対人的位置と距離同様，時と場合と相手により，相手がこちらに結んでくる関係性は異なります。したがってそれに合った対応をしなければ，両者の間に不協和音が生じ，より良い変化や解決に結びつきません。この関係性は，解決志向アプローチにおいて，「セラピスト―クライエント関係」の査定と対応として3つのタイプにまとめられています。そこでは，治療の成功の鍵が，両者のこの関係性に合った対応／介入をすることにかかっていると報告され，その重要性が改めて注目されています。

　この3タイプの関係性は，先行理論に基づいた分類ではなく，実践のなかでうまくいった事例を蓄積し共通の特徴を抽出した結果，導き出された経験知です。筆者の経験からも，この関係性の査定とそれに合った対応をすることが重要であり，学校場面での保護者への対応にも非常に有益だと感じています。

〈PART I〉「セラピスト―クライエント関係」の査定と対応マニュアル
　(1)「問題を表明しない」関係性
　・問題を表現しない。世間話，様子見，しぶしぶ，冷やかしの来談。
【対応】①来談をほめる，②相手の興味関心のある話題に打ち興じる（リソースを見つけ，ほめる），③そのまま帰す（問題の詮索や課題提示をしない）。
　(2)「周囲に問題があると訴える」関係性
　・問題があると表現。周囲が問題。変わるべきは周囲。周囲を詳細に観察。
【対応】①来談をほめる，②周囲への観察力をほめる（問題意識や潜在的な解決意欲等のリソースを見つけ，ほめる），③観察課題（Lesson 5 参照）を出す。
　(3)「自分に問題があるとする」関係性
　・問題があると表現。自分が問題。解決のために自分が何か行動したい。
【対応】①来談をほめる，②解決像／ゴールを話し合う，③行動課題を出す。
　★留意点★　(a)各関係性に優劣はない。人格査定でも成長モデルでもない。

(b)各関係性への対応はマニュアルのそれ以上でも，それ以下でもいけない。
　(c)関係性の査定に迷ったら，番号の小さいほうの関係性に合わせる。

〈**PART Ⅱ**〉　保護者との関係性の査定と対応について（ふりかえり）

A．対応が難しい保護者について
（保護者への対応や連携が難しいと思ったケースを思い出してください）
　1．その困難な保護者とは，どのタイプの関係性が成立していましたか？
　_____
　2．実際にはどんな対応をしましたか？
　_____
　3．その関係性において，過分，あるいは欠けていた対応は何でしょうか？
　_____

B．対応がうまくいく保護者について
（保護者との対応がうまくいったケースを思い出してください）
　1．その保護者とは，どのタイプの関係性が成立していましたか？
　_____
　2．実際に行った対応はどんなことでしたか？
　_____
　3．その関係性において，合っていた対応は何だったのでしょうか？
　_____

C．今後の保護者との対応のコツ
　1．今後，どのタイプの関係性において，何に気をつければいいですか？
　_____

★コメント★　一般に犯されやすい対応の誤りは，(1)の関係性の場合，来談をほめない，問題を詮索する，(2)の場合，来談をほめない，周囲より本人が問題だとする，本人に何か行動を求める，(3)の場合，受容・共感するのみで，ゴールを話し合わない，具体的な行動課題を出さない，などがあげられます。

Lecture

☞ ふりかえってみよう ☞ 教師やカウンセラーと保護者との間にある関係性に合った対応が、良い変化を導きます。「周囲に問題があると訴える」関係性の場合、来談をねぎらい、問題への関心と観察力を評価しほめます。

　V氏の対人的位置は one-up で、距離は近いと査定されましたから、まずこちらは、one-down、近い距離感で対応に入ります。これが合った（効果的な）対応です。ところが、V氏対応の前線に立った教頭は、毎日のようにかかる苦情電話にへきえきして、「落ち葉のことまで言われても困ります！」と one-up な態度に出てしまったり、「忙しいのですから、今お聞きする時間はありません」と遠い距離感（逃げる態度）をとってしまい、気まずくなる悪循環の繰り返しでした。両者が one-up に出れば、アップアップ状態ですから、うまくいきません。

　そこで教頭は、スクールカウンセラーだった筆者の保護者対応を見て、対応を変えてみました。Answerで見たように、V氏にはリソース（学校への関心、熱心さ、自分の労力を割く、生徒や学校周辺状況の観察力、即応的報告力）があるわけです。それを、無いものとして対応したのでは、何も活かされません。教頭は、ある日のV氏からの電話に対して、「お忙しいのに、わざわざお電話をいただきありがとうございます」とまずお礼を言い、「いつも学校のことを気にかけていただき、貴重な情報やご指摘をいただき、ありがたく思っております」と丁寧に感謝を述べました。教頭の姿勢は、one-down で近い距離感です。「学校

ポイント

〈対人的位置への対応〉
相手が one-up
　↓
こちらは one-down

〈対人的距離への対応〉
相手のとる距離が近い
　↓
こちらの距離も近い

〈周囲に問題があると訴える関係性への有効な対応〉
①来談（電話）してくれたことに、お礼を言う（ほめる、ねぎらう）
②相手のリソースを見つけてほめる
③周囲の状況への観察力（文句や責任転嫁には不可欠なもの）を、評価し感謝する
④その観察力を今後も使ってもらうことが有益であると伝える

も日々のことで忙しく、せっかくのV氏のご協力に対し、それを十分に活かすことができず、失礼な対応も多々あったと反省しております。しかし、このように保護者や地域の方々の関心や協力があってこそ、子どもたちを健全に育てていけるわけです。これからもぜひ今までのように学校や子どもたちの様子をよく見て伝えてください。保護者や地域の皆さまの学校を思う気持ちが頼りです。どうかよろしくお願い申し上げます」と伝えました。

それを境に、V氏からの苦情の電話は鳴り止み、その後V氏は運動会などの学校行事で積極的な協力をし、学校と地域の橋渡し役として活躍するようになりました。V氏の息子である生徒も元気になりました。

教頭がV氏に合った対応をし、V氏のリソースを認め、ほめるかかわりをしたことが、V氏を大きく変化させることになりました。両者は当初「周囲に問題があると訴える」関係性でしたが、その関係性であっても解決に結びつく対応があるわけです。この関係性においては、周囲の文句ばかり言う本人に問題があり、それは責任転嫁であると指摘しても、かえって逆効果です。そう言わざるをえない本人の背景にあるリソースを見抜き、敬意を払うことから始めなければなりません。対人的位置や距離と同様、両者の間に生じている関係性に合わせた対応が、成功への鍵です。

⑤その観察力で、少しでもよいと思えること、これからも続いてほしいことも観察してもらえるよう、お願いする
⑥それを、また報告してもらう

〈周囲に問題があると訴える関係性への誤った対応〉
・上記①～⑥の、それ以上でもそれ以下でも誤り
・本人にも問題があると指摘する
・本人が何か行動をするように提案する

Homework

- 保護者以外の相手（同僚や児童・生徒）に対しても、この関係性の査定をし、それに適した対応を考えてみましょう
- その対応を実験だと思って、実際に試してみましょう

7th Stage

Lesson 23
保護者面接の7ステップ

今回は，保護者面接を有効に進めるための7ステップを紹介し，保護者面接のスキルアップを目指します。

Introduction

　問題のある子どもを抱える保護者は，多くの場合，その対応に追われる大変さ，見通しの見えない将来への不安に加えて，その問題の原因は自分にあると感じて心のなかで自分を責めるという，二重三重の辛い思いを抱えています。子ども自身が味わっている辛さ以上に，深いところで保護者自身が傷ついているともいえます。Lesson 22の「関係性の査定」において，「周囲の者に問題があると訴える」関係性のように，学校関係者などを責めるような態度をとる場合でも，保護者は傷ついていないとはいえませんが，「自分に問題があるとする」関係性の場合は，なおさらです。

　保護者との「関係性」に合わせるだけでなく，保護者のさまざまな雰囲気や持ち味，考えの枠組みに合わせることが保護者面接の留意点です。また，問題のある子どもを抱える保護者の傷つきにも配慮する必要があります。Lesson 23では，筆者が保護者面接の実践経験から培った，面接を有効に進めるための7ステップを紹介し，保護者面接のスキルアップを目指します。

Case

拒食症の娘，中3のW子を持つ母親からの相談
　中学3年生W子は，まじめながんばり屋であったが，いわゆる「拒食症」

（神経性無食欲症）により体調を崩しがちで，中３進級前の春休みに入院治療を受けた。中３に進級後，１学期は学校に行けず，夏休みにもう一度治療のため入院をした。しかし２学期からは徐々に安定して，学校にもほとんど欠席せずに行けるようになった。２学期末のある日，Ｗ子の母親から，学校のカウンセラー室に，相談の予約が入り，面接で次のような話を始めた。

①「わたくし，Ｗ子の母でございます。娘のことでお時間を頂戴して申し訳ございません。最近の学校での娘の様子について，何か聞いていらっしゃいませんでしょうか？」。

②「学校では病気は出ていないと本人は申しますし，担任の先生も問題なくよくやっているとおっしゃいますが……」。

③「拒食症と診断されて治療していますが，本当はもっと精神病的な深い病気なんじゃないかって家族で話しています」。

④「娘がこうなったのは，母親が，情緒テレパシーをキャッチしていなかったからだと，医者から叱られました。やっぱり母親の私が原因なんでしょうか？」。

Question & Work

(1) ①の会話の雰囲気から，まず留意することはどんなことですか？

_____

(2) ①～④の母親の会話に対して，どのように応答したらいいでしょうか？
　　①に対して，「　　　　　　　　　　　　　　　　　　　　　　」
　　②に対して，「　　　　　　　　　　　　　　　　　　　　　　」
　　③に対して，「　　　　　　　　　　　　　　　　　　　　　　」
　　④に対して，「　　　　　　　　　　　　　　　　　　　　　　」

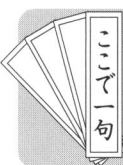

> **ここで一句**　「ご家族は　原因ではない！」から　開く道
> 問題を抱える子どもを持つ保護者の共通の傷つきに配慮し，力づけます。

Answer

！かかわり方のヒント！ 保護者の持つ雰囲気や枠組みを尊重し，保護者の感じている「問題」を扱います。こちらから「問題」をつくらないことが重要であり，問題を抱える保護者の根底にある傷つきに常に留意します。

(1) ①の会話の雰囲気から，まず留意することは？

このW子の母親の場合，上品な装いで，たとえば「わたくし」といった丁寧な言い回しを使っています。したがって，この母親に対しては，筆者も「わたくし」という言葉を使い，「お母さん」「娘さん」ではなく「お母様」「お嬢様」という表現を選択しました。

まず，保護者の外見や表情，言葉の言い回し，話し方のテンポやトーンなどを見立て，相手に受け入れられやすいように合わせていくことが重要です。

これが，ステップⅠの「合わせる」です。

(2) ①～④の母親の会話に対する応答は？

①「わたくし，W子の母でございます。……最近の学校での娘の様子について，何か聞いていらっしゃいませんでしょうか？」に対し，筆者は「私個人は，お嬢様のことは何も聞いておりませんが，でもお母様が学校での様子をお聞きになりたいと思われたのは……？」と応答しました。母親の人となりに合わせながら，母親側の来談動機やニーズを確認します。

②「学校では病気は出ていないと本人は申しますし，担任の先生も問題なくよくやっているとおっしゃいますが……」（①の応答に対しての母親の答え）に対し，筆者は「本人も担任の先生も問題なくやっているとおっしゃっているんですね？ お母様は何が問題

アドバイス

〈ステップⅠ〉「合わせる」

・見立て：外見，表情，言葉遣い，話し方のテンポやトーン，雰囲気，考え方の枠組み

⇒尊重し，「合わせる」=「ジョイニング」「ペーシング」「マッチング」ともいわれる作業

・保護者は，先に問題を話し始めないで，まずこちらの認識を探る場合がある。
⇒良い情報は伝える
⇒こちらの問題認識を先に出さない（解決から遠ざかる作業を率先して進めない）

だと感じておられるのですか？」。良いコメントを強調しておいて，次の，ステップⅡ「何を問題とお感じですか？」に入っています。

　③母親は，W子は最近少し良くなり，学校の様子もよく話してくれるが，お友だちとくらべて物事の感じ方に隔たりを感じると述べ，「拒食症と診断されて治療していますが，本当はもっと精神病的な深い病気なんじゃないかって……」と語りました。筆者は「でも，以前にくらべ学校の様子はよく話してくれ，担任も本人も問題はないって言ってらっしゃるわけですよね？　それで，お母様としては，お嬢様がどうなったらいいと思われるのでしょうか？」と母親の述べた良い変化を強調しておいて，ここで，ステップⅢ「どうなればいいですか？」の質問に進みました。

　④母親は，学校でありのままの自分を出していければいいと思うと答えましたが，「小学校までの娘は，親や友だちの望みに合わせるのがすべてで，中学校に入り部活に熱中して，そこでも周囲の期待に必死に応えようとして……崩れたのですね。うーん，やっぱり私の育て方が問題だったのでしょうか？」「娘がこうなったのは……母親の私が原因なのでしょうか？」。これに対し筆者は，「私は，お母様が原因だとは単純には思いません。原因なんて一つではないです」と述べ，その次の，ステップⅣ「ご家族は原因ではありません」に展開しました。

〈ステップⅡ〉「何を問題とお感じですか？」
⇒保護者の側が感じている問題認識を聞く

〈ステップⅢ〉「どうなればいいですか？」
⇒解決像に焦点づけ，未来に方向づける

〈ステップⅣ〉「ご家族は原因ではありません」
⇒どんな問題であれ，原因はものの見方により異なる
⇒原因は多要因である
⇒保護者の傷つきを軽減し，エンパワメントする（力を与える）作業を行う

Key Point

- まず，保護者の雰囲気や持ち味，考えの枠組みに「合わせる」
- 保護者に「どんな問題があるか」ではなく，「何を問題と感じているか」を聞き，それが「どうなればいいのか」を尋ねる
- 保護者に「家族（保護者）が原因ではない」ことを伝える

Exercise

　保護者面接において大切な前提は，まず，保護者の「問題」ではなく「ニーズ」を扱うこと，そして，保護者は敵ではなく，子どもたちの問題を解決（指導援助）していくうえで「味方」であり，「仲間」であるということです。この前提をもとに，筆者は，保護者（親）面接を進める過程を，7ステップに整理しています。これらのプロセスは，保護者面接における必要条件だと考えていますが，それなりの習熟が必要です。しかしながら，技術面以上に，根底を流れる保護者への姿勢を理解していただくことがもっとも重要です。

〈PART Ⅰ〉保護者面接7ステップの提示と解説

　ステップⅠ：合わせる（ペーシング／ジョイニング，受容・共感）

　対人的距離・位置，来談者と援助者の関係性，言葉・態度・姿勢・雰囲気・間・考えの枠組み等に合った対応を取ります。立ち合いが成否を分けます。

　ステップⅡ：「何を問題とお感じですか？」

　早い時点で，保護者自身が感じている問題を確認し，ニーズを見立てることが，面接の方向性を誤らないことになります。

　ステップⅢ：「どうなればいいですか？」

　保護者が感じている問題が確認されたら，（その原因を話し合わずに）これから先どうなっていけばいいのか（ゴール・イメージ）について，質問します。

　ステップⅣ：「ご家族は原因ではありません！」

　親の辛さや傷つきなどの気持ちをくみ取り，解決に向けて歩み出せるようにまず地ならしをすることが重要です。親はもちろんのこと，不必要に特定の人に原因を帰さないことが，多くの関係者からの今後の援助を容易にします。

　ステップⅤ：「お子さんの"売り"は何ですか？」

　子どものリソース（資源）を保護者とともに発見していく"宝探し"の作業を行います。この質問は，その協同作業の開会宣言です。続く面接ステップのための材料づくりです。材料がなければ，料理はできません。

　ステップⅥ：「うまくいっていることは何ですか？」

ステップⅠからⅤまでが順調に進めば、保護者は"問題モード"から少しずつ自由になり、すでにうまくいっていること（例外）を発見する余裕が出ます。子どもの成長に少しでも気づけば、親は問題から解放されていきます。

ステップⅦ：介入（課題を出す）

必要に応じ、お土産（具体的行動指針）を持ち帰ってもらいます。

〈PART Ⅱ〉保護者面接について（7ステップによるふりかえり）

A．困難だった保護者面接を思い出し、各ステップをふりかえってください。

ステップⅠ：保護者の特徴は？　本当はどんな対応が合ったのでしょうか？

_____

ステップⅡ：保護者が感じていた問題は？　ニーズは？

_____

ステップⅢ：保護者のゴールは質問した？　逆にこちらのゴールを提示してしまった？_____

ステップⅣ：家族が原因という考えの修正は？　原因を特定の人に帰してしまった？_____

> 例題：不登校児を持つ母親への台詞を考えてください。
> 「母親が原因とは思いません。なぜなら、_____
> _____」（解答例は Lecture 参照）

ステップⅤ：子どもの"売り"は見つかった？　保護者の"売り"は？

_____

ステップⅥ：すでにうまくいっていること（例外）は探せた？

_____

ステップⅦ：お土産（具体的な行動指針の課題）が必要？　出した？

_____

B．今後の保護者面接では、とくにどのステップに留意するといいですか？

_____

Lecture

☞ふりかえってみよう☞　誰も，問題を抱える子どもにしようと思って，子どもを育てる親はいません。その親の辛さに共感し親をサポートして初めて，子どもの「売り」や「例外」が見出せるようになります。

親面接の多くの場合，親は「自分の育て方」に責任を感じ辛い思いをしています。しかしながら，いわゆる専門職は（医師や教師，ときにはカウンセラーも）Case ④の台詞のようなこと（親に原因がある）を言いがちであり，親はまさに針のむしろに座らされた状況になります。親面接において，ステップⅣは重要な作業です。筆者は，「お母様が原因だとわかることで，何か役に立つ，つまり次からお母様がどうやればいいかにつながるのだったら，原因は自分だと思ってもいいかとは思います。でも，ただ悔いや絶望だけが残るのなら，意味がありません。私は，お母様が原因とは思いません！　誰も拒食症にしようと思って子どもを育てる親なんていません。拒食症のお嬢さんを持つ母親ほど辛いものはありません。拒食症のご本人も辛いけれど，毎度の食事を拒否される母親も，子どもさんが辛いのと同じくらい辛いものです」と述べて，まずしっかり親をサポートしました（同様の表現は，子どものどんな問題に対しても，たとえば不登校などにも，あてはまります）。それに対し母親は「（しみじみと）そうです……私が疲れてたんです」と答え，筆者が「お母様も疲れて当然です。一年以上もずっと，お母様が彼女を支えて，治療に協力してきたのですから」とねぎらうと，母親は「（涙声で）私が癒された

ポイント

・専門職は，親の育て方を批判しがち

・ステップⅣは「家族は原因ではない」ことを伝える作業

・親が原因という認識
　↓
a) それが，子どもへのより良い対応に実際役立つなら，無駄ではない

b) 多くの場合，親がサポートされず，良い対応につながらない
⇒子ども自身や周囲に原因を探そうとして，原因や責任のたらいまわしになる

・親も疲れて当然

かったのですね……私が救われたかったんです。今，そう言っていただいて，本当にそう気づきました」と，嗚咽しました。筆者は「それはとても大切で必要なことです。お母様自身がケアされるための行動……つまり面接を希望されたことですが……それをなさったことはとても良かったと思います。お母様には，そのための力がありますね」と，母親自身に力があること（リソース）を伝え，W子が，中学に入り自分を出そうとして崩れたことについて，それはW子が自分で変わろうとし始めたサインであり，成長のチャンスでもあると，問題状況をリフレームしました。

　続いて筆者は，ステップⅤ「お子さんの"売り"は何ですか？」，ステップⅥ「うまくいっていることは何ですか？」を展開しました。母親は，娘なりに一所懸命やっていること，食事は波はあるがコントロールできているときもあることを見出し，今まで拒否されていた手作りハンバーグを，W子が「私これ好きだったんだ」と最近食べてくれたことを思い出し，良くなってきていることを実感しました。最後に筆者はステップⅦ「介入（課題を出す）」で，観察課題を出し，また報告してくださるよう伝えました。

　この後，母親からの連絡はなく，W子も元気に学校生活を送り，希望進路を実現していきました。

- 親自身が癒されることも必要
- 親自身がケアされるための行動を評価する
- 子どもの問題状況をリフレームして，伝える
⇒子どもの"売り"を見つけやすくなる

〈ステップⅤ〉「お子さんの"売り"は何ですか？」
⇒子どものリソースの探求をうながす＝宝探し

〈ステップⅥ〉「うまくいっていることは何ですか？」
⇒「例外」を見つける作業により，子どもの良い変化を見つけ，保護者の対応を肯定する

〈ステップⅦ〉「介入」（課題を出す）
⇒観察課題（Lesson 5 参照）は有効

Homework

- 保護者面接7ステップに留意して，実践してみましょう。はじめは面接机の隅などに，この7ステップ（マニュアル）を貼って，参照しながら行うことをお勧めします

Column 9　保護者コンサルテーションの考え方

コンサルテーションの定義は、「コンサルティ（相談する側）が受け持ってるケースへの対応方略に関して、専門性の異なるコンサルタント（相談される側）が、その専門性に沿った情報提供と示唆を与えること」です。

したがって、コンサルテーションは、①コンサルティとコンサルタントが、原則的に「異業種」の専門家同士であり、それぞれの専門性が異なることが前提となって行われる活動であること（社会的にどちらが上か、立派かといった問題ではありません）、②コンサルテーションの対象は、コンサルティ自身のことではなく、コンサルティが受け持つケースへの対応のことである点が、その構造の特徴です。

これらの定義を、学校における指導・援助者と保護者とのかかわりにあてはめると、①については、いかなる保護者であれ、その児童・生徒の親という固有の立場、つまり専門性を有しており、教師やスクールカウンセラーの専門性はそれに代わるものではありません。②については、保護者は自分の問題ではなく、子どものことで指導・援助者と関係を持ち、あくまで子どものこと（それへの対応）について話し合うわけです。

このように、コンサルテーションの定義（①と②）に則り、学校教育における保護者の役割を踏まえると、保護者とはカウンセリング関係ではなく、**コンサルテーション関係**になることがわかります。

①で見たように保護者を専門家として尊重すれば、そこには**相互コンサルテーション**が成立します。子どもとの効果的なかかわり方について、指導・援助者のほうが保護者から情報や示唆を得ることも実際多いわけです。子どもへの対応について保護者は指導・援助者と同じチーム（協力者）であり、ともに考える関係がチームであるわけです。また子どものことで相談に来ているのに②に反して、保護者自身を「問題のある（困った）人」として対応・指導する（責めたり、非をとがめたりする）とすれば、連携関係を築くことが困難になるのは当然です。

保護者との「相互コンサルテーション」や「チームミーティング」を通して、親としてやれる力を高めてもらえるように、保護者をエンパワメントする（力づける）ことが、指導・援助者の仕事です。

Final Stage
実験的精神のすすめ

エンディング・テーマは，実践です！
ここまできたら，実践あるのみ！
何を知っていても，やらなければ，絵に描いた餅です。
最後に「実践哲学の３つのルール」をお伝えし，
スクールカウンセリング活動を「５つの柱」から総括します。

Final Stage

Lesson 24
実践哲学の3つのルール

うまくいかないとき，考えているより，実際何かをやってみるほうが有効です。そこで実験的精神を具現化した実践哲学の3つのルールを紹介します。

▌*Introduction*

　いよいよ，Final Stage です。21世紀は，予想外の速さで世界情勢が変化し，子どもたちを取り巻く環境も大きく変化し続けています。本書は，従来の理論・手法にとらわれず，常に「何が役に立つのか」というプラグマティズムの姿勢で，筆者の実践を基盤に展開しました。筆者自身のスクールカウンセリング領域の実践のなかで，教育現場の先生方にきっと役に立つだろう，ヒントになるだろう，あるいはぜひお伝えしたいと思うことを，Lesson 形式で進めてきました。

　しかし，効果的な対応について知ることと，行うことは，別物です。行うことは実験的要因を含みます。数多くの実験をし，失敗しても諦めず行動に移し，また実験する。こういった地道な作業をすることなしに勝ち取ったノーベル賞はないはずです。実験や行動なくして，私たちの進歩はないといえるでしょう。これからの私たちは，旧態然とした対応や発想ではなく，日々新たな実験的精神で，子どもたちに「何が役に立つのか」を見つけながら向き合っていくことが必要です。子ども，私，あなた……みんなのリソースを総動員して！

　Lesson 24 では，今までの全 Lesson を，改めて活かしていただくためにも，実験だと思ってやってみる（まず行動してみる）ことの意義を学びます。

Lesson 24●実践哲学の3つのルール

Case

不登校の中1X男の母親と担任からの相談（同席面接）

中学1年生のX男は、2学期に入り遅刻が常習化し、3学期には、さみだれ欠席が始まり、2月からは3週間以上欠席が続き不登校状態となった。

X男は、授業を落ち着いて聞けず、おしゃべりが多く、ノート写しをしないなどから、LD（学習障害）の傾向も心配されていた。しかし、X男は友人から好かれる存在で、学校では楽しそうであり、いじめ等の原因は見当たらなかった。担任が家庭訪問しても、布団にもぐっており、担任はX男の不登校に困惑していた。夕方4時ごろ起きて、朝の5時ごろ入浴し7時半ごろに寝るという昼夜逆転生活を送っていた。

X男の母親は、結婚当初から同居の老人介護に追われ、加えて彼の父親が数年前に大手術をし、看病から解放されることなく、母親の収入が一家を支えていた。一人っ子のX男は頑固な父親を強く嫌っていた。

Question & Work

(1) まず、（異なる立場の関係者の）同席面接で留意することは何ですか？

(2) 母親と担任に対して、伝えること、質問することは何でしょうか？　3つ（両者に共通）挙げてください。

　①
　②
　③

(3) 事例の流れによって、どんな介入をすればいいでしょうか？
　①良い流れの場合：
　②悪い流れの場合：

ここで一句　まず「実験」　良ければそれを　ダメなら違うことを

「実験」は発明の母。当たって砕けろの精神も大切。

Answer

！かかわり方のヒント！ 子どもの問題について，立場の違う関係者が集合した場合，そのこと自体を解決に向けての一歩としてとらえます。解決が始まっていることを前提に，両者を評価する姿勢を貫きます。

(1)立場の違う関係者の同席面接で留意することは？

①それぞれの立場での来訪の労について，ねぎらい，評価し（感謝を述べ）ます。このように，立場の違う者が同じ場で考えようという姿勢自体が，解決への一歩を踏み出しているという認識を伝えます。②次に，立場が違う二者の話を，同席で聞くのがいいのかどうかについて，確認します。③同席で聞く場合，どちらから先に話してもらうかについても尋ねます。

このような手順を踏むなかで，両者の様子や関係性を見立て，両者に「合わせる」作業を行います。X男の母親は同席を希望し，担任も同席してよいなら自分も勉強したいので同席したいとのことでした。

(2)母親と担任に，伝えること，質問することは？

今までの Lesson の総復習になります。Lesson 23の保護者面接Ⅶステップを展開することも役に立ちますが，ここでは3点に絞ります。

①両者（母親や担任）の，少しでも評価できる面，やれていることを，丁寧に拾い，評価し（ほめ）ます。ほめることの重要性は全 Lesson を通して強調してきましたが，専門家（専門職や教師，親などの立場）として評価し，ほめることが「コンプリメント」です。コンプリメントは関係性をつけるために有用であるだけでなく，むしろ支持的介入です。相手の何

アドバイス

〈同席面接の留意点〉
①ねぎらう：それぞれの来談の労をねぎらう
→解決への一歩をすでに踏み出している前提
②同席の確認：両者の同席で面接を進めていいかの確認をする
③話し手の順を聞く：誰からどのように話してもらうかを聞く
↓
・見立てにつなげる

〈関係者面接の要点〉
①コンプリメント（評価・賞賛）：関係者の努力や良い側面を丁寧に評価する
↓
・コンプリメントは，強力な支持的介入

を，どのように，どんなタイミングで，評価しほめるのかは，それほど容易なことではありません。やみくもにほめるのではなく，相手のこれからの変容や成長に役立つリソースに対しての，的を射た評価でなければなりません。またそれが相手に受け入れられなければ意味がありません。相手のもつ力を引き出しエンパワメントする（力づける）ための強力な介入です。

・コンプリメントによって面接の方向性が左右される

②X男や関係者のやれていること（例外）や，"売り"を尋ね，明らかにします。例外が見つかったら，何が良かったのか，どうすればその状況になるのかを尋ねます（成功の責任追及）。問題は「具体的に」「最近の状態」を聞きます。これは例外探しに有用です。

②「例外」や"売り"探しと「成功の責任追及」：リソースをあらゆる角度から見つける

③今後に向けて「役に立つことは何か」を明らかにしていきます。②で見つかった材料（すでに起こっている解決の一部や，"売り"やリソース）を基に，これからどうするのがいいのかについて一緒に考えます。解決の方向性を誤らないために，③の前に，母親，担任が，「何を問題に感じているか」「どうなればいいと思うか」を（あえて質問しない場合は話の流れのなかで）把握しておくことが大切です。

③役に立つことの検討：リソースの活かし方，伸ばし方，使い方を話し合う
→未来に方向づける

(3)ケースの流れの良し悪しにより，介入は？

①良い流れの場合：役に立っていることを，その方向でどんどん続けるようにする。

②悪い流れの場合：何でもいいから，今までとは何か違ったことを試してみるようにする。

〈介入のルール〉
①良い流れ：Do More（もっとそれをせよ）
②悪い流れ：Do something different（何か違うことをせよ）

Key Point

- 関係者の同席自体が，すでに解決への一歩を踏み出している
- コンプリメント（評価・賞賛）は，もっとも強力な支持的介入になる
- 良い流れなら「もっとそれをせよ」，悪い流れなら「何か違うことをせよ」

Exercise

　本書において強調し続けたことは，現場で子どもたちと向き合うという現実のなかで，実際に役に立つことを実践する姿勢です。既成概念や理屈にとらわれず，何が有効なのかを実際に実践のなかから発見していく姿勢，つまり観察と実験を重要視しました。そして，私たちが多くを知らなくても，子どもたちやクライエントのほうが，何が役に立つのかを，その共働の歩みのなかから教えてくれました。現場から学ぶとは問題からではなく，解決や未来に向かう子どもたちや関係者の姿から学ぶことであると感じます。Final Stage の Lesson として，解決志向アプローチにおける，実践哲学（プラグマティズム）の３つのルールについてご紹介します。

〈**PART Ⅰ**〉実践哲学３つのルール
　ルール１：もしうまくいっているのなら，それを直そうとするな。
　ルール２：もし一度うまくいったのなら，またそれをせよ。
　ルール３：もしうまくいかないのなら，何か違ったことをせよ。

　とてもわかりやすくて，シンプルなものです。この３つのルールは，指導や援助，治療，トレーニング，コンサルテーション，スーパービジョン，方法論や理論の構築など，すべてのことに適用できる有益なものです。人生全般において，幸せになるために，あまねく適用できるルールともいえます。しかし，一見単純なことのようであっても，これを実践することは必ずしも容易ではありません。私たちは人生において，このルールにいろいろな形で反することをよく行っています。

　ルール１については，自分なりにやれているのに，理論や教義に合わない（説明できない）から直してしまい，うまくいかなくなることがよくあります。たとえば，生活指導で経験豊かな知見とスキルを体得しているにもかかわらず，新規にカウンセリング理論を学んで自分のやり方を変えてしまい，その先生らしい指導ができず，生活指導が困難になることもあります。教育相談の資質の向上が謳われる今日，カウンセリングを学ぶことは悪いことではないので

すが，その先生のやり方で子どもに良いことを無理に直す必要はありません。

　ルール2については，私たちは，一度うまくいっても，まぐれだと思って価値を見出さなかったり，一度でもうまくいったことがあることや，何をしたらうまくいったのかを思い出せないことが多いのです。ですから，もう一度それをせよと言われても，何をしたらいいのかわかりません。例外探しや成功の責任追及は，ルール2の実践に役立つ方法なのです。

　ルール3については，私たちは，うまくいっていないにもかかわらず，やり方を変えないで，自分の努力や習熟不足と考え，ますます固執して行うことがあります。理屈の上で正しいと思われることでも，効果がなければ適切なやり方ではありません。また，うまくいっていないとわかっていても，他に正しい方法がわからないため，やり方を変えようがない場合もあります。正しい方法がわからなくても，同じ失敗を繰り返さないために，実験だと思って，何か違ったことを試してみるほうが価値があるのです。

〈PART Ⅱ〉日常の実践について，3つのルールのふりかえり

A．日常の実践について，そのルールに反しているためにうまくいっていないことがあるかどうか，ふりかえってください。じっくり考えてみると，私たちは本当によく，3つのルールからはずれていることに気づくでしょう。

ルール1：もしうまくいっているのなら，それを直そうとするな。

_____

ルール2：もし一度うまくいったのなら，またそれをせよ。

_____

ルール3：もしうまくいかないのなら，何か違ったことをせよ。

_____

B．今後の実践では，どのルールに留意して何を改善するといいでしょうか？

_____
_____

Lecture

☞ふりかえってみよう☞　少しでもうまくやれていることがあれば，その成功の責任を明かし，実験だと思ってそれをもっと試す価値があります。うまくいかないことは，実験だと思って何か違うことをやってみて考えます。

　面接の開始時には，母親は，X男の不登校は学校の問題よりも，父親への反抗と彼自身のずるさが原因と述べ，担任は，授業を落ち着いて聞けず，幼い面が強いことを語りました。

　家庭の問題やX男の欠点，およびその原因ばかりを仮に見つけて並べたとすれば，今に至る経緯は悪い流れとしてとらえられ，X男の流れ（未来への方向性）は，明るいものには感じられないでしょう。「介護と看病に余裕のない母，病弱で頑固な父，一人っ子で耐性の低いX男，授業態度も悪く先生方からも問題視され，担任も無気力型不登校に打つ手がない」といったシナリオになります。しかし暗い未来を確認するための面接相談では意味がありません。

　Answer(1)(2)で行ったことは，X男の流れが良いものとして発見できるように援助する作業といえます。例外も"売り"もリソース（資源）です。Lesson 1の冒頭で述べたように，無いものではなく，有るものからの出発です。リソースを紡いで未来が織られるのです。未来は，今私たちが何を認めているかによって，暗くも明るくも創られていくのです。

　Answer(1)(2)によって，母親は大変ななか，老人や病人を大事にして生きることをX男に教え続けていたこと，頑固で過干渉な父親のやり方と過保護な自分の

ポイント

〈悪い流れの形成〉
問題・欠点・原因（無いもの）に注目
↓
悪い流れとして評価
↓
暗い未来の確認
↓
負担感・失望感・無力感
↓
意欲・安定・良い対応につながらない

未来は，暗くも明るくも創られる

〈良い流れの形成〉
例外・"売り"などリソース（有るもの）に注目
↓
成功の責任追及
コンプリメント
（評価・賞賛）
↓
良い流れとして評価
↓
明るい未来への希望
↓
自己効力感・自己尊重感

Lesson 24●実践哲学の3つのルール

やり方についてX男の反応を観察し続け,「引く」やり方が役に立つことを夫婦で発見しつつあったこと(たとえば,彼の希少な登校日は,食事の用意も買い置きもせず,彼を起こさずに母親が勤めに出た日だった),担任は,「X男が課題を終わらないと授業が終わらないよ」という言葉で彼ががんばったことを思い出し,人に迷惑をかけてはいけない気持ちがあること,花壇やペンキ塗りなど手先や身体を使う作業が好きなこと,友だちから愛嬌者として好かれ,友だちとのつき合いはうまいことを見出し,彼の"売り"は,人柄が良く,やさしいことなどが挙げられ,福祉職への興味をほのめかしていたことも思い出されました。面接では,LDの懸念は結局表明されませんでした。

母親と担任は,X男の流れが良いことを認め合い,今後できることを話し合いました。母親は,「引く」やり方を工夫すること,担任は,彼の得意な作業を通して,彼が必要とされていると感じられる「出番」をつくり,事あるごとに彼を誘うことを方針としました。役に立つ「引き方」や「出番」は,実験だと思って工夫して試して見つけていこうと合意しました。

約半年後,母親から電話があり,その後の一喜一憂の日々も,実験という言葉が支えになって,何でもやろうとがんばり通せたこと,彼が2年生2学期に完全に学校復帰したことが報告されました。

↓
役に立つことの検討
↓
実験してみる
↓
〈実践哲学の3ルール〉を実践する

・実験という言葉が支え
→何でも試す勇気

Homework

- 子どもや保護者への指導援助に,この実践哲学の3つのルールを適用してみましょう
- 自分の人生にもこのルールを取り入れてみて,実験してみましょう

Final Stage

Final Lesson
スクールカウンセリング活動の5本柱

Final Lessonでは，スクールカウンセリング活動を，5本の柱（構成要因）に整理し，より機能的に指導援助に活かせるようにします。

Introduction

いよいよFinal StageのFinal Lessonになりました。Lesson 24では，実践哲学の3つのルールを学びました。ルール1：もしうまくいっているのなら，それを直そうとするな。ルール2：もし一度うまくいったのなら，またそれをせよ。ルール3：もしうまくいかないのなら，何か違ったことをせよ。

本書のすべてを忘れても，この実践哲学の3つのルールを覚えて活かせれば，それだけで十分かもしれません。人生や生活にあまねく役に立つプラグマティズムの姿勢です。それによって抽出された，皆さま自身のオリジナルなアプローチやモデルが，他のどんなマニュアルよりも役に立つはずです。筆者のスクールカウンセリングのアプローチやスタイルは，実践哲学と実験的精神による活動の産物であるといえます。教師ではないカウンセラーという立場で学校にかかわるなかで，文字通り現場から学ばせていただいたことが今日の基盤になっています。これら実践の結果，スクールカウンセリング活動を5本柱に今では整理しています。Final Lessonでは，スクールカウンセリング活動を，5本の柱に整理することで，指導援助をより機能的に行えるようにし，Exerciseで全Stageを総括します。

Final Lesson ●スクールカウンセリング活動の5本柱

Case

部活中に攻撃的な演説が止まらなくなった中2のY男

中学2年生Y男は，熱心に部活に取り組む元気でまじめな，親友にも恵まれた生徒であった。約1年前から成績が急下降したが，友人・家庭要因はとくに見当たらず，最近は疲れやすい様子も見え，担任は気がかりだった。ある夕刻の部活で，Y男が，ふだんとは別人のように，部外で学級も違うZ男を糾弾する激しい演説を始め（Z男がある特別な計画の元にY男らを落とし入れてきたことが発覚し許せない旨）止まらなくなった。上級生が尋常でない様子を察知して，先生方は職員会議中だったため，相談室に飛び込んできた。カウンセラーが部室に行くと，生徒らには嗚咽する者もいた。生徒らを落ち着かせて帰路につかせたが，担任，養護教諭らに報告し，母親への連絡をお願いした。

Question & Work

(1)この事例で，今後起こりうると予想されることを，まず4つ挙げてください。

① _____ ② _____
③ _____ ④ _____

(2)それに対し，誰がどう対応すればいいでしょうか？

① _____ ② _____
③ _____ ④ _____

(3)本事例に必要なスクールカウンセリング活動を，合計5つ挙げてください。

① 個別的カウンセリング（例）
② _____ ③ _____
④ _____ ⑤ _____

ここで一句　指導援助は　5本柱で　スクラム組んで
みんなで役割分担して，包括的に行うことが決め手です。

Answer

！かかわり方のヒント！ 学校での危機は当該児童・生徒だけでなく，居合わせた児童・生徒，その関係者・学級・学年・部活，保護者，教職員を巻き込むため，包括的で迅速なチーム対応が必要です。

(1)この事例で，今後起こりうると予想されることを，まず4つ挙げてください

　1）生徒側の反応，2）保護者側の反応，3）Y男の状態の進行，4）教師側の反応。大別すれば，この4つが主なものといえます。

　1）生徒側の反応については，①Y男のZ男への攻撃，②Z男の困惑（身に覚えがない），③同級生部員の混乱，④上級生部員の困惑，⑤Y男の親友らのZ男への反感などが挙げられ，2）保護者側の反応としては，⑥Y男の母親のZ男への不信，⑦Z男の母親の困惑やY男への不信，⑧関係生徒保護者の心配などが挙げられます。3）Y男の状態の進行については，Y男の様子が一過性の感情表出ではなく，尋常でない心身状態の亢進としてとらえた場合，⑨状態の急激な悪化，⑩自傷他害の恐れなどが可能性として考えられます。4）教師の反応としては，⑪Y男の担任，⑫Z男の担任，⑬学年主任や学年付き教師，⑭部活顧問，⑮養護教諭，⑯管理職，⑰カウンセラー（Co）などがそれぞれ状況の把握の仕方や立場によって当惑する可能性が挙げられます。

(2)それに対し，誰がどう対応すればいいか？

　1）生徒側の反応①〜⑤，および2）保護者の反応⑥〜⑧に対しては，それぞれの担任，および部活関係

アドバイス

〈学校での事件・危機の影響と援助対象〉

1) 子ども
⇒本人，本人の相手，居合わせた者，本人側の者，相手側の者，それぞれの学級，学年，部活，学校全体など

2) 保護者
⇒上記の子どもそれぞれの保護者

3) 本人・関係者の状態
⇒身体症状（けが，心身症・身体疾患など）
　精神症状（暴力的興奮，神経疾患，PTSDなど）
　社会的状況（被災，経済状況，家族の欠損など）

4) 教職員
⇒上記子どもの担任，学年担当者，部活顧問，養護教諭，管理職，学校職員，カウン

者には部活顧問が，個別に状況や事実関係を確認するとともに，Coはカウンセリング的対応を行うことが考えられます。生徒の立場により言い分の食い違いがありますから，教師やカウンセラー間で迅速かつ密接に連携して対応しないと，ますます混乱を大きくしてしまいます。3）Y男の状態の進行⑨⑩については，一刻を争うことにもなりかねません。しかし，Y男の心身状態の判断には，Y男の保護者を含めた関係者によるY男の様子の観察と，各関係者からの情報の収集統合が必要であり，養護教諭やCoの見立てを参考にして，外部専門家の診断につなげなければなりません。チーム内守秘に心を配りながら，管理職にもその情報と判断が伝わる必要があります。4）教師側の反応⑪～⑰については，チームを組んで相互に支え合いながら，⑪～⑭の担任他に対しては，⑮養護教諭や⑰Coが，Y男の症状や緊急度⑨⑩に応じて，助言（コンサルテーション）します。⑯管理職は，全体の動きについて責任を負いながら状況を把握し，必要なら指揮をとることが求められます。⑨⑩の可能性がある本事例は，緊急対応／危機介入を行う必要があります。

(3)本事例に必要なスクールカウンセリング活動を合計5つ挙げてください

　①緊急対応／危機介入，②コンサルテーション，③個別的カウンセリング，④心理教育的プログラム（事後教育，予防教育），⑤システム構築（内外連携など）。

セラー

・自傷他害の恐れのある状況
（自殺企図，暴力事件，神経疾患の発症や悪化，発達障害による攻撃的行為など）
↓
緊急対応／危機介入が最優先される

Key Point
- スクールカウンセリング活動（指導援助）には，5本の柱がある
- 5本柱は，①個別的カウンセリング，②コンサルテーション，③危機介入，④心理教育プログラム，⑤システム構築である
- 自傷他害の恐れがある場合は，緊急対応／危機介入が必要

Exercise

　本書の全 Stage を通じて示されたスクールカウンセリング活動は，狭義のカウンセリングとは異なるものです。その活動は，内外のリソースを活かしたダイナミックなものであり，原因ではなく解決を，過去ではなく未来を直接描くものであり，楽しく工夫に満ちた，生活の知恵が総動員されたものです。そして，一人ではなくみんなで行うものであり，大人のみならず子どもたちも援助資源となり，それは実践哲学や実験的精神に則ったものであります。スクールカウンセリングは，以下の5本の柱で有機的に構成されてはじめて効果的な活動になります。

〈PART Ⅰ〉スクールカウンセリング活動の5本柱

　Ⅰ．個別的カウンセリング（相談）活動［対象：児童・生徒］
　Ⅱ．コンサルテーション［対象：教職員，保護者］
　Ⅲ．心理教育プログラム（予防・啓蒙・開発）［対象：児童・生徒，保護者，教職員］
　Ⅳ．緊急対応／危機介入［対象：児童・生徒，教職員，保護者］
　Ⅴ．システム構築［対象：教職員，保護者，地域関係諸機関，児童・生徒］

　Ⅰは，いわゆる従来の教育相談やカウンセリングにあたり，相談室内で個別的に行われることが多く，守秘義務を前提とした密室的なモデルが中心です。

　Ⅱは，端的にいえば，専門性の異なる専門家同士（コンサルタントとコンサルティ）で行う事例への作戦会議です。教師がスクールカウンセラーなど他の専門家から情報提供や示唆を得る場合，あるいは保護者面接・対応や，講師を招いての校内事例検討会も，コンサルテーションです（Column 9 参照）。

　Ⅲは，心理社会発達学的問題の発生予防や開発的心理教育を主眼とした児童・生徒，保護者集団などへの介入プログラムです。総合学習の時間や道徳，保健などの授業（集団ガイダンス）や，講演会，研修会，教員研修などです。

　Ⅳは，生命・身体・財産等に損害が及ぶ事態や行動（たとえば自殺企図，暴力，失踪，事件・事故，災害等）が起こったり，そうなる恐れが高い場合の危機介入／緊急対応です。学校・学級崩壊への介入等も含まれます。

Ⅴは，援助提供システム（体制）の構築です。学内体制のみならず，外部機関との連携システムの構築も含まれます。

〈PART Ⅱ〉スクールカウンセリング活動の5本柱のふりかえり

　本書のLessonで扱われた25のCase（A男からY男まで）への対応は，この5本柱のどれにあてはまるでしょうか？　Lessonの番号で答えてください。（重複可。1st Stageの解答例を参考にLesson 4以後を考えてください）

Ⅰ．個別的カウンセリング（相談）活動［対象：児童・生徒］
2，3，_____

Ⅱ．コンサルテーション［対象：教職員，保護者］
1，2，3，_____

Ⅲ．心理教育プログラム（予防・啓蒙・開発）［対象：児童・生徒，保護者，教職員］
2，_____

Ⅳ．緊急対応／危機介入［対象：児童・生徒，教職員，保護者］

Ⅴ．システム構築［対象：教職員，保護者，地域関係諸機関，児童・生徒］
2，3，_____

【解答】Ⅰ＝4，6，(7)，8，9，10，12，13，14，15，16，17，18，20，21，25　　Ⅱ＝4，5，6，7，9，10，12，13，14，15，16，19，20，21，22，23，24，25　　Ⅲ＝5，11，(16)，(17)，(18)，25　　Ⅳ＝5，25　　Ⅴ＝(5)，25

　注）括弧で示されたものは，不十分ではあるが，関係している場合。

　実際分類してみると，コンサルテーションが多いことがわかります。保護者への対応や教職員とのチーム対応といったスクールカウンセリングで非常に重要な活動が「コンサルテーション」にあたります（また，各LessonのExerciseはどれも皆，そこで扱ったテーマやアプローチに関する「心理教育プログラム」として提供されているといえます）。

Lecture

☞ふりかえってみよう☞　学校の危機は，学校の指導援助機能が試されるときです。危機対応は，組織的なチーム対応と，情報統制，役割分担から始まり，スクールカウンセリング活動の5本柱全部が必要とされます。

Y男の場合，状況を見聞したカウンセラー（Co）は，心身疾患の発症の可能性があると考えました。しかし，この一件で判断するには情報不足のため，緊急の事態も考慮して，当日中に教職員からY男・Z男の情報を収集し，Y男の母親に報告し様子を教えてもらうよう担任らに伝えました。その時点では教員らは，よくある喧嘩ととらえました。

翌日，Y男の母親からは「Z男は息子に何をしたのか？ 息子を混乱させたZ男のほうが問題」との訴えがあり，同日夕刻，今度はZ男から「Y男からまったく身に覚えのない酷いことを言われ訳がわからない」と，またY男の親友らからは「Z男がY男に酷いことをしてY男が壊れた」と，それぞれ逆の内容の連絡が担任に入りました。担任間で対応していると，再びY男の母親から「Y男が，Z男のことで興奮して家を飛び出した」と連絡が入り，関係者は騒然となりました。担任らからCoにも連絡が入り，学年主任，養護教諭も交えて緊急対応の協議をし，Z男の安全を確保すること，しかしZ男の保護者をいたずらに心配させないよう配慮すること，Y男を早急に医療機関につなげ判断を仰ぐこと，その理解をY男の保護者に得ること，教職員間で役割分担をし，錯綜する情報や連絡統制のための司令塔（キーパーソン）を明確にすること

ポイント

〈スクールカウンセリング活動の5本柱の発動〉

⇒ コンサルテーション
↓
・専門家の見立て
・専門的情報の提供
・緊急度の査定
・チーム対応と役割分担の示唆

⇒ 緊急対応／危機介入
↓
・関係者の安全の確保
・自傷他害の未然防止
・情報コントロール

⇒（コンサルテーション）
↓
・医療機関につなげるための作戦会議
・関係者への説明理解

⇒（緊急対応／危機介入）
↓
・医療機関への受診

などが確認されました。

その後管理職にも状況説明がなされ，刻々と変化する状況に，上記の関係教職員が対応チームを組み，複数の対応が，同時並行で役割分担されました。当初はZ男に憤慨したY男の母親も，一昼夜興奮を繰り返すY男に異変を認め，担任やカウンセラーらの意向に同意し，幸いY男は医療機関につながり適切な療養を受けるに至りました。

しかし，生徒らや双方の保護者はそれぞれに異なるショックを受け，個別のカウンセリングが必要でした。これら一連の動きが「危機介入」であり，とくに自傷他害の危険もあったY男を医療につなぐまでが「緊急対応」にあたり，その後は生徒らに今回の事態を人権に配慮して理解させ，傷ついた関係をケアし誤解や偏見を解いて，より良い学校生活や仲間関係をつくっていくための「危機後介入」が行われます。

数か月後に回復して学校復帰するY男をみんなで受け入れるための取り組みが学年主導で展開されました。これは，単にY男個人のための援助ではなく，危機を活かして互いの成長のチャンスとするみんなのための開発的な心理教育活動になりました。

これら一連のことで，教職員と管理職は，今後も突然に危機が訪れうることを認識し，危機対応システムを見直し，再構築する機会にもなりました。

⇒ 個別的カウンセリング
↓
・周囲の者への心のケア

〈危機介入の三角形〉
　　　危機介入
　　／　　　＼
危機後介入 ―― 予防

⇒ 心理教育プログラム
↓
・予防・開発的な集団ガイダンス（学年会行事等）

⇒ システム構築
・危機対応システムの再構築

Homework

- 日常の指導援助の実践を，スクールカウンセリング活動の5本の柱を基に，ふりかえってみましょう。そして，どの柱をより充実させるべきかを考えて，学校や組織全体で取り組んでみてください

Column 10　米国のスクールカウンセリング

　米国では，スクールカウンセラー（SC）は，「認定された教育の専門家」として明瞭に定義され，「包括的・発達的なスクールカウンセリング・プログラム」を国家基準として持っています。米国SC協会（ASCA）は，**SCの業務内容**には3つの援助プロセスがあり，それは，**①カウンセリング，②コンサルティング，③コーディネーティング**であるとしています。

　①のカウンセリングは，児童・生徒に対するもので，そこには個人カウンセリング，グループカウンセリング，大集団ガイダンス等が含まれます。とくに大集団ガイダンスは，明確な目標を持つカリキュラムに基づき，その学校の生徒たちのニーズに合わせて年間計画された，SCが行うクラスルーム授業であり，たとえば，自己理解，対人関係，考えの表現，権利と責任，意思決定，対人技能，キャリア発達などといったテーマで構成されます。わが国に置き換えていうならば，文部科学省が推奨する「心の教育」にあたる授業といえます。

　②のコンサルティングは，教師や学校スタッフ，あるいは保護者に対するもので，個別に，集団的に，あるいはスタッフ研修活動として，児童・生徒をより効果的に援助する技術の開発を援助するものです。

　③のコーディネーティングは，SCがリーダーシップを取って，援助・教育プログラム，および関連するサービス活動を組織し管理することを指します。ここにはニーズ調査や，ピアサポートやピア・メディエーション／コンフリクト・マネジメント（対立解消）等生徒に対するプログラム，TAP（教師アドバイザリー・プログラム）等の教師に対するもの，保護者に対する心理教育プログラム，学校と関係諸機関および専門家との提携・調整等が含まれます。さらに，学習活動チームやIEP（個別教育プログラム）の組織化・運営・管理・進行といった業務も重要なものとして挙げられています。

　わが国の非常勤SCも養護教諭や教育相談担当教諭も，現在のところまだ「クリニカルサービス・モデル」が中心です。わが国と米国では，教育システムも専門家養成プログラムも異なりますが，学校における指導援助を考える上で，米国の「包括的発達的サービス・モデル」は，参考にできる部分が多くあると感じます。

ブックガイドと解説

　本書の各 Stage や Lesson でテーマにした内容に関連し，読者の皆さまの参考になると思われる図書をガイドします。この際，読者の皆さまがなるべく手に入れやすい図書を優先して紹介したいと思います（学術論文や外国文献等は，一般入手しにくいため，本書の目的に鑑みて，最小限の提示に留めさせていただきます）。

1st Stage リソース（Lesson 1, 2, 3）

　「リソース」（資質・資源）という考え方は，筆者のアプローチの根源的な部分です。実際「リソース」という表現は，さまざまな領域で使われています。たとえば，学校心理学の領域では，リソース・ルーム（米国の個別教育プログラムによる）をはじめ，子どもの持つ個性・能力を表現する言葉として使われ，また社会福祉やコミュニティ心理学などの領域では，ソーシャル・リソース（社会資源）は，重要な概念です。筆者の述べる内的リソース，外的リソースは，ほぼこの両者の概念を含みますが，もっと本質的な部分では，ミルトン・エリクソンの述べる「ユーティライズ」（Utilize：あるものを利用する）という考え方とほぼ共通するものと考えています。

＊「リソース」について
① 宮田敬一編『学校におけるブリーフセラピー』金剛出版，1998（森俊夫「ブリーフセラピーのものの見方・考え方」pp.27-54；黒沢幸子「子どもや親との関係作り」pp.55-69）
② 村山正治・山本和郎編『臨床心理士のスクールカウンセリング第3巻：全国の活動の実際』誠信書房，1998（黒沢幸子「公立中学校におけるサポートネットワーク」pp.124-135）
③ 吉川悟編『システム論からみた学校臨床』金剛出版，1999（黒沢幸子・森俊夫「外部関係機関との連携」pp.168-179）

＊「ユーティライズ」について
① 及び，④ 宮田敬一編『ブリーフセラピー入門』金剛出版，1994（窪田文子「エリクソン（ゼイク）・モデル」pp.45-58）
⑤ オハンロン，W.H.著（森俊夫・菊池安希子訳）『ミルトン・エリクソン入門』金剛出版，1995

2nd Stage 例外（Lesson 4, 5, 6）

　「例外」の概念は，解決志向アプローチ（ソリューション・フォーカスト・アプローチ：SFA）の鍵概念であり，文献的初出は⑦です。

＊「例外」に代表されるSFAの理論や実践について
④ 及び，⑥ ディヤング，P.＆バーグ，I.K.著（玉真慎子・住谷祐子監訳）『解決のための面接技法』金剛出版，1998
⑦ ド・シェーザー，S.著（小野直広訳）『短期療法　解決の鍵』誠信書房，1994
⑧ ドゥ・シェイザー，S.著（小森康永訳）『ブリーフ・セラピーを読む』金剛出版，1994
⑨ バーグ，I.K.著（磯貝希久子監訳）『家族支援ハンドブック――ソリューション・フォーカスト・アプローチ』金剛出版，1997
⑩ バーグ，I.K.＆ミラー，S.D.著（斎藤学監訳）『飲酒問題とその解決――ソリュー

ション・フォーカスト・アプローチ』金剛出版, 1995
⑪宮田敬一編『解決志向ブリーフセラピーの実際』金剛出版, 1997
⑫森俊夫・黒沢幸子編『森・黒沢のワークショップで学ぶ解決志向ブリーフセラピー』ほんの森出版, 2002
＊学校におけるSFAやブリーフセラピーについて
⑬③及び, ⑬マーフィー, J.J.＆ダンカン, B.L.著（市川千秋・宇田光監訳）『学校で役立つブリーフセラピー』金剛出版, 1999
⑭森俊夫著『先生のためのやさしいブリーフセラピー』ほんの森出版, 2000
⑮森俊夫著『"問題の意味"にこだわるより"解決志向"で行こう』ほんの森出版, 2001
⑯スクレア, J.B.著（市川千秋・宇田光編訳）『ブリーフ学校カウンセリング』二瓶社, 2000
＊学校での危機介入について（Lesson 5）
⑰ピッチャー, G.D.＆ポランド, S.著（上地安昭・中野真寿美訳）『学校の危機介入』金剛出版, 2000
⑱ユール, W.＆ゴールド, A.著（久留一郎訳）『スクール・トラウマとその支援——学校における危機管理ガイドブック』誠信書房, 2001
⑲上地安昭編著『教師のための学校危機対応実践マニュアル』金子書房, 2003

3rd Stage 未来志向（Lesson 7, 8, 9, 10, 11）

「ミラクル・クエスチョン」（Lesson 9）, 及び「プリテンド・ミラクル・ハプンド」（Lesson 10）は, SFAにおける代表的な技法（質問と介入課題）ですから, SFA関連図書①④⑥⑦⑧⑨⑩⑪⑫⑬⑭⑮⑯を参照してください。
＊発達心理学における時間展望（Lesson 7）
⑳都筑学著『大学生の時間的展望』中央大学出版部, 1999
㉑白井利明「時間的展望」松田文子・調枝孝治ほか編著『心理的時間』pp.377-440, 北大路書房, 1996
＊タイムマシン・クエスチョンについて（Lesson 7, 8）
㉒黒沢幸子「タイムマシン・クエスチョン」『現代思想』第30巻第4号, pp.155-183, 青土社, 2002
㉓日本ブリーフセラピー学会編『より効果的な心理療法を目指して——ブリーフサイコセラピーの発展Ⅱ』金剛出版, 2004（黒沢幸子・森俊夫「タイムマシン・クエスチョン——リサとヨーコの事例」pp.168-185）
＊未来時間イメージについて（Lesson 10）
㉔森俊夫「未来の想起」『現代思想』第25巻第12号, pp.96-101, 青土社, 1997
㉕エリクソン, M.H.（森俊夫・瀬戸屋雄太郎訳）「催眠療法における一方法としての時間の偽定位」『現代思想』第30巻第4号, pp.130-154, 青土社, 2002

4th Stage ユーモアとゲーム感覚（Lesson 12, 13, 14, 15）

「問題の外在化」（Lesson 12, 13）は, 現在の家族療法シーンの代表格であるナラティブ・セラピーの主要な概念であり, SFAとは源を分かつものです。「予想課題」（Lesson 14）は, SFAにおいて,「偶発的例外」しか見つかっていない場合の介入課

題であり，上記にてすでに紹介したSFAに関する参考図書を参照してください。しかし，「家族予想ゲーム」(Lesson 14) 及び「お小言カード」(Lesson 15) は，筆者らの相談室KIDSカウンセリング・システムのオリジナル・アプローチで，前者は⑫で言及しています。またLesson 15でADHDについて言及したことに関連して，本書の内容だけでは専門的な対応について不十分なため，参考図書を紹介しておきます。
＊「問題の外在化」について（Lesson 12，13）
⑭⑮㉓（虫退治）及び，㉖黒沢幸子・森俊夫「家庭内暴力を伴った不登校女児への『問題の外在化』アプローチの適用」『臨床心理学』第1巻第2号，pp.217-228，金剛出版，2001
㉗東豊著『セラピストの技法』日本評論社，1997
㉘ホワイト，M.＆エプストン，D.著（小森康永訳）『物語としての家族』金剛出版，1992
＊ADHD等への対応について（Lesson 15）
㉙ナドー，C.＆ディクソン，E.著（水野薫・内山登紀夫・吉田友子訳）『きみもきっとうまくいく――子どものためのADHDワークブック』東京書籍，2001
㉚マンデン，A.＆アーセラス，J.著（市川宏伸・佐藤泰三監訳）『ADHD注意欠陥・多動性障害――親と専門家のためのガイドブック』東京書籍，2000
㉛アトウッド，T.著（冨田真紀・内山登紀夫・鈴木正子訳）『ガイドブック　アスペルガー症候群――親と専門家のために』東京書籍，1999

5th Stage ピアサポート (Lesson 16, 17, 18)

ピアサポート，ピア・メディエーションについては，北米，英国，オーストラリアがとくに盛んで多くの情報が得られます (http://www.peer.ca/peer.html　http://www.peersupport.co.uk)。筆者としては，プログラムの実践には，㉜（初等学校のためのピアサポート・マニュアルで，出版年である1987年にカナダの「ガイダンス＆カウンセリング・リソース・マニュアル」の年間大賞を受賞）が，とくに必読書と考えます。㉞～㊲も㉜を基盤にしています。ピアサポートの理論上の理解には㉝が役立ちます。またピア調停（葛藤解決）は㉜がわかりやすいマニュアルです。
＊ピアサポート・プログラムについて
㉜コール，T.著（バーンズ亀山静子・矢部文訳）『ピア・サポート実践マニュアル――Kids Helping Kids』川島書店，2002
㉝コウイー，H.＆シャープ，S.編著（高橋道子訳）『学校でのピア・カウンセリング』川島書店，1997
㉞菱田準子・森川澄男著『すぐ始められるピア・サポート指導案＆シート集』ほんの森出版，2003
㉟中野武房・日野宜千・森川澄男編著『学校でのピアサポートのすべて―理論・実践例・運営・トレーニング』ほんの森出版，2002
㊱滝充編著『ピア・サポートではじめる学校づくり（中学校編）』金子書房，2000
㊲滝充編著『ピア・サポートではじめる学校づくり（小学校編）』金子書房，2001
＊その他引用文献（Lesson 16）
㊳河合隼雄著『子どもと悪』岩波書店，1997

6th Stage 人間関係のコツ(Lesson 19, 20, 21)

「ダブルバインド(二重拘束)理論」(Lesson 19)については,ベイトソン(Bateson, G.)のコミュニケーション理論やヘイリー(Haley, J.)らの戦略的家族療法の書籍を読んでいただくのが良いと思われます。ここでは,④(とくにMRIモデル)や⑦⑧の中でも言及されていますので,それを参考にされると良いでしょう。
＊ピアとチャム・グループについて(Lesson 20)
㊴保坂亨「児童期・思春期の発達」下山晴彦編『教育心理学:発達と臨床援助の心理学』pp.103-123, 東京大学出版会, 1998
㊵保坂亨「子どもの仲間関係が育む親密さ――仲間関係における親密さといじめ」『現在のエスプリ』第353号, pp.43-51, 至文堂, 1996
㊶黒沢幸子・有本和晃・森俊夫「仲間関係発達尺度の開発――ギャング,チャム,ピア・グループの概念にそって」『目白大学人間社会学部紀要』第3号,pp.21-33, 2003
＊対人的位置(one-up/one-down)について(Lesson 21)
④(MRIモデル)及び,㊷ヘイリー, J.編(森俊夫訳)『ミルトン・エリクソン 子どもと家族を語る』金剛出版, 2001

7th Stage 保護者への対応(Lesson 22, 23)

「関係性の査定と対応」(Lesson 22)は,SFAの治療モデルにおける最初のステップであり,上記にてすでに紹介したSFAに関する参考図書を参照してください。自著ですがとくに⑫がわかりやすいでしょう。「保護者面接の7ステップ」に関係してペーシング,ジョイニング,マッチングについては,①⑭,及び④(とくにNLPモデル)が参考になります。またLesson 23の Case として登場した「摂食障害」について,本書では十分取り上げられなかったため,参考図書を紹介しておきます。
＊摂食障害の理解と援助について(Lesson 23)
㊸トレジャー, J.著(傳田健三・北川信樹訳)『拒食症サバイバルガイド――家族,援助者,そしてあなた自身のために』金剛出版, 2000
㊹後藤雅博編『摂食障害の家族心理教育』金剛出版, 2000

Final Stage 実験的精神(Lesson 24, Final Lesson)

「実践哲学の3つのルール」(Lesson 24)は,SFAの中心哲学であり,上記にてすでに紹介したSFAに関する参考図書を参照してください。これも⑫がわかりやすいでしょう。実験的精神については,㉕㊷におけるミルトン・エリクソンの言葉から多くをくみ取ることができます。
＊スクールカウンセリング活動の5本柱について(Final Lesson)
㊺黒沢幸子「心理社会的援助サービスのより良い在り方を求めて」下山晴彦編著『43人が語る心理学と社会Ⅳ 臨床・福祉・犯罪――21世紀の扉を開く』pp.46-64, ブレーン出版, 1999
㊻黒沢幸子「スクールカウンセリング活動の五本柱――学校現場に『サービス』と『コミュニティ』の視点を持ち込み,『未来』を創る」村山正治編『現代のエスプリ別冊:臨床心理士によるスクールカウンセラー』pp.89-99, 至文堂, 2000

おわりに

　盛りだくさんの Stage……いかがでしたか？
　皆さまのお役に立ちそうな，お気に召した Stage はありましたか？
　皆さまを少し不自由にさせていた古い魔法からは解き放たれたでしょうか？
　本書を読まれる前よりも，皆さま自身の持つ力にもっと気づき，明日が楽しみな気持ちが少しでも湧いていたらと，心より思います。各 Stage の Exercise や Lecture, Key Pointなどが，少しでも皆さまの実践に役に立てば，幸いです。
　本書で扱ったすべての Case やテーマを見ていただいて明らかなように，スクールカウンセリング活動は，狭義の1対1のカウンセリングやそのスキルだけを指すものではありません。内外のリソース（資源）と連携したり，危機介入があったり，家族の力やピア（仲間）の力を活かしたり，心理教育的なプログラムを展開したりと，さまざまなスクールカウンセリング活動の局面があることをお伝えしました。この本に登場した，「リソース」「例外」「売り」「成功の責任追及」「未来時間イメージ」「タイムマシン・クエスチョン」「ミラクル・クエスチョン」「問題の外在化（〜菌！）」「ピアサポート」「ピアとチャム・グループ」「関係性の査定」「対人的位置・距離」「実験的精神」「実践哲学」など数々のキーワードのなかで，ご自分の気に入ったものを，一つでも身につけていただければ，きっと何かが少し（ときには大きく）変化すると思います。その変化は良い流れにつながり，子どもたちやご自身，そしてその周囲の人たちにとっての，より良い未来につながる日々が創られていくことを確信します。これらのキーワードの一つひとつは，実は筆者の実践の扉を開けてくれる大切な鍵なのです。
　最近の筆者は，「明日を信じる」ことを考えています。ここで述べたキーワードは，どれもそれにつながるものです。『明日が信じられない』——これは，筆者の恩師，霜山德爾（日本の臨床心理学界の草分け的存在であり，ナチス・

ドイツ強制収容所での人間の実存を描いたフランクルの『夜と霧』の翻訳者としても知られています）の1958年の著書の表題です。「明日が信じられない」思いに苦しむ子どもたちは、今はもっと増え続けているのかもしれません。恩師から、人間というものは、生半可なオプティミズムでとらえられるものではないと、常に厳しく戒められてきた筆者にとって、それは今も圧倒的な説得力を持ちます。しかしながら、不肖の弟子である筆者の心理臨床（指導援助）の Stage は、「明日を信じる」がテーマとなっています。

このように皆さまが何かを得てくださるならと祈って、臨んだ筆者のつたない Stage に、かくもおつき合いいただき、ありがとうございました。読者の皆さまは、観客のようでいて、実は本 Stage 全編を構成する重要なキャストでいらしたこと、もちろんもう（いえ、はじめから）お気づきですよね。読者の皆さまなくして、本 Stage はどれも成立しなかったわけです。そして続編となる未来の Stage は、皆さまの手に委ねられています。

……さて、忘れてならないのは、なによりもすべての Case の方々です。この場をお借りして、まず深く感謝させていただきます。筆者は多くのクリエイティブなこと、そして大切なことをたくさん教えられました。そして当該学校関係者の方々、いつも筆者を支え学ばせてくれる KIDS カウンセリング・システムの仲間たち、そして忍耐強い筆者の家族に心から感謝いたします。

最後にこのような Stage の企画を根気強く推し進め、遅筆な筆者を見守り、ご尽力くださった金子書房『児童心理』連載当時お世話になった編集部の皆さま、とくに本書編集の労をお取りくださった亀井千是氏、初鹿野剛氏に深く感謝申し上げます。

さぁ、また新しい Stage が始まります。
Are you ready?

　　　　2002年7月　　　　　　　　　　　　　　　　　　　　黒沢　幸子

著者紹介

黒沢 幸子（くろさわ　さちこ）

臨床心理士。1983年，上智大学大学院文学研究科教育学専攻心理学コース，博士前期課程修了（文学修士）。

1995年文部省「スクールカウンセラー活用調査研究委託事業」スクールカウンセラー，1998年文部省「学習指導要領解説：道徳」作成協力者などを経て，現在，目白大学心理学部心理カウンセリング学科，および目白大学大学院心理学研究科臨床心理学専攻特任教授。岐阜大学大学院，駒澤大学大学院，上智大学等非常勤講師。KIDSカウンセリング・システム（http://www.kids-cs.jp）を主宰し，研修・相談活動を展開。第45回読売教育賞最優秀論文賞（教育カウンセリング），日本ブリーフサイコセラピー学会 学会賞を受賞。

主な著書に，『明解！スクールカウンセリング：読んですっきり理解編』（共著，金子書房），『学校で活かす いじめへの解決志向プログラム』（スー・ヤング著，監訳，金子書房），『解決志向のクラスづくり完全マニュアル：チーム学校，みんなで目指す最高のクラス！』（共著，ほんの森出版），『やさしい思春期臨床：子と親を活かすレッスン』（金剛出版），『森・黒沢のワークショップで学ぶ解決志向ブリーフセラピー』（共著，ほんの森出版），『タイムマシン心理療法：未来・解決志向のブリーフセラピー』（日本評論社），『ワークシートでブリーフセラピー：学校ですぐ使える解決志向＆外在化の発想と技法』（編著，ほんの森出版）など。

指導援助に役立つ
スクールカウンセリング・ワークブック

2002年9月20日　初版第1刷発行	〔検印省略〕
2021年5月31日　初版第17刷発行	

著　者　黒沢幸子
発行者　金子紀子
発行所　株式会社　金子書房
〒112-0012　東京都文京区大塚3-3-7
TEL03(3941)0111／FAX03(3941)0163
URL　https://www.kanekoshobo.co.jp
振替　00180-9-103376
印刷　凸版印刷株式会社　製本　一色製本株式会社

ISBN978-4-7608-2596-7 C3037　Ⓒ Sachiko Kurosawa, 2002　Printed in Japan